Wiederbewaffnung in Deutschland nach 1945

AF141318

SCHRIFTENREIHE
DER GESELLSCHAFT FÜR DEUTSCHLANDFORSCHUNG
BAND XII

Wiederbewaffnung in Deutschland nach 1945

Herausgegeben von

Alexander Fischer

DUNCKER & HUMBLOT / BERLIN

CIP-Kurztitelaufnahme der Deutschen Bibliothek

Wiederbewaffnung in Deutschland nach 1945
[neunzehnhundertfünfundvierzig] / hrsg. von
Alexander Fischer. — Berlin: Duncker und Humblot,
1986.
   (Schriftenreihe der Gesellschaft für
   Deutschlandforschung; Bd. 12)
   ISBN 3-428-05996-4

NE: Fischer, Alexander [Hrsg.]; Gesellschaft für
Deutschlandforschung: Schriftenreihe der
Gesellschaft ...

INHALT

ABKÜRZUNGEN

ABC-Waffen	=	Atomare, biologische und chemische Waffen
Art.	=	Artikel
Art.	=	Artillerie
BRD	=	Bundesrepublik Deutschland
CDU	=	Christlich-Demokratische Union
COMECON	=	Council for Mutual Economic Assistance
ČSR	=	Československá Republika (Tschechoslowakische Republik)
CSU	=	Christlich-Soziale Union
DDR	=	Deutsche Demokratische Republik
DFD	=	Demokratischer Frauenbund Deutschlands
DSF	=	Gesellschaft für Deutsch-Sowjetisches Freundschaft
EVG	=	Europäische Verteidigungsgemeinschaft
FDGB	=	Freier Deutscher Gewerkschaftsbund
FDJ	=	Freie Deutsche Jugend
FRUS	=	Foreign Relations of the United States
GSSD	=	Gruppe der Sowjetischen Streitkräfte in Deutschland
GST	=	Gesellschaft für Sport und Technik
HVA	=	Hauptverwaltung Ausbildung
Inf.	=	Infanterie
Inf.-Div.	=	Infanteriedivision
Komintern	=	Kommunistische Internationale
KPD	=	Kommunistische Partei Deutschlands
KPdSU	=	Kommunistische Partei der Sowjetunion
KVP	=	Kasernierte Volkspolizei
MC	=	Military Committee
MdI	=	Ministerium des Innern
MfNV	=	Ministerium für Nationale Verteidigung
MfS	=	Ministerium für Staatssicherheit
MGFA	=	Militärgeschichtliches Forschungsamt
NATO	=	North Atlantic Treaty Organization
NKFD	=	Nationalkomitee „Freies Deutschland"
NDPD	=	Nationaldemokratische Partei Deutschlands
NVA	=	Nationale Volksarmee
Pz.-Div.	=	Panzerdivision
Pz.-Tr.	=	Panzertruppe
SACEUR	=	Supreme Allied Commander Europe

SBZ   = Sowjetische Besatzungszone
SED   = Sozialistische Einheitspartei Deutschlands
SMAD   = Sowjetische Militäradministration in Deutschland
SPD   = Sozialdemokratische Partei Deutschlands
UdSSR   = Union der Sozialistischen Sowjetrepubliken
UN, UNO   = United Nations, United Nations Organization
USA   = United States of America
VP   = Volkspolizei
VPD   = Volkspolizei-Dienststelle
ZK   = Zentralkomitee

VORWORT

Vor dreißig Jahren, am 2. Januar 1956, traten die ersten Soldaten der jetzigen Bundeswehr in einem Andernacher Barackenlager ihren Dienst an. Nur kurze Zeit später, am 18. Januar 1956, verabschiedete die Volkskammer der DDR in Ostberlin das „Gesetz über die Schaffung der Nationalen Volksarmee und des Ministeriums für Nationale Verteidigung". Der mit diesen beiden Daten der jüngsten deutschen Militärgeschichte nur oberflächlich berührte Prozeß der Wiederbewaffnung oder − so in wechselseitiger polemischer Sicht von Ost und West − der „Remilitarisierung" jener beiden deutschen Staaten, die nach dem Zweiten Weltkrieg vom Deutschen Reich Bismarckscher Prägung letztlich übrigblieben, ist in beiden deutschen Historiographien erst seit den siebziger Jahren die gebührende Aufmerksamkeit zuteil geworden. Während sich in der Bundesrepublik Deutschland in erster Linie das Militärgeschichtliche Forschungsamt in Freiburg i. Brsg. um die grundlegende Klärung der „Anfänge westdeutscher Sicherheitspolitik" verdient gemacht hat, war es in der DDR vor allem das Militärgeschichtliche Institut in Potsdam, das bei der Aufarbeitung der jüngsten deutschen Militärgeschichte Akzente setzte − allerdings unter marxistisch-leninistischem Vorzeichen.

Die folgenden Beiträge fügen sich in die hierzulande erfreulicherweise zunehmenden wissenschaftlichen Bemühungen um die Aufhellung der deutschen Geschichte nach 1945 ein. Sie sollen nicht nur über die außen- und innenpolitischen Voraussetzungen des in der sowjetischen Besatzungszone begonnenen deutschen Wiederbewaffnungsprozesses informieren, sondern können darüber hinaus auch einen speziellen Beitrag zur Geschichte des Ost-West-Konflikts leisten. Die Ausarbeitungen entstanden als Referate für eine Tagung der Fachgruppe Geschichtswissenschaft der Gesellschaft für Deutschlandforschung, die vom 27. bis 29. Februar 1984 im Gesamteuropäischen Studienwerk in Vlotho/Weser abgehalten und − nicht zuletzt dank der fruchtbaren Diskussionsbeiträge der Generale Johann Adolf Graf v. Kielmansegg und Ulrich de Maizière − zu einer reizvollen Begegnung zwischen Historikern und Zeitzeugen wurde.

Die Referate sind für die Drucklegung überarbeitet worden. Selbstverständlich trägt jeder Autor die wissenschaftliche Verantwortung für seine Ausführungen selbst. Der Herausgeber möchte all denen Dank sagen, die − sei es inhaltlich, organisatorisch oder finanziell − sowohl zum Gelingen der Tagung in Vlotho als auch zur Herstellung dieses Bandes beigetragen haben.

Frankfurt a. M., im Januar 1986   Alexander Fischer

Alexander Fischer

ANFÄNGE DER WIEDERBEWAFFNUNG IN DER SBZ/DDR (1945/46 – 1955/56)*

Die Nationale Volksarmee (NVA) der DDR, nach offizieller Lesart am 1. März 1956 gegründet, nimmt unter den Armeen der Staaten des Warschauer Paktes zweifellos eine Sonderstellung ein. Diese Behauptung bezieht sich nicht nur auf ihre militärische Schlagkraft oder auf die von Beginn ihrer Existenz an vorgenommene vollständige Integration in die Vertragsorganisation des Warschauer Paktes. In diesem Zusammenhang muß vielmehr auf den Tatbestand aufmerksam gemacht werden, daß die NVA in einem geteilten Land entstanden und damit „eine Armee ohne Nation" ist[1]. In Verbindung mit der fehlenden demokratischen Legitimation ergab und ergibt sich daraus für die Streitkräfte der DDR ein eigenartiges Spannungsverhältnis, das auf der einen Seite von dem Anspruch bestimmt wird, als „erste sozialistische deutsche Armee" eine neue Qualität in der deutschen Militärgeschichte zu verkörpern, auf der anderen Seite aber zunehmend von der ideologisch nicht immer befriedigend zu lösenden Aufgabe gekennzeichnet ist, die gesamtdeutschen Traditionen dieser Militärgeschichte weiterzuführen.

Es versteht sich von selbst, daß von der Militärgeschichtsschreibung der DDR keine ausreichende Klärung der aus diesem Spannungsverhältnis für Entwicklung, Charakter und Funktion der NVA erwachsenden Probleme erwartet werden kann. Die dort übliche Sprachregelung verweist allenfalls auf „die fürsorgliche Politik" von SED und Staatsführung der DDR, deren Ziel es stets gewesen sei, „die imperialistischen und militaristischen Kräfte in Westdeutschland an der Verwirklichung ihrer Kriegspläne gegen die DDR zu hindern und die konsequente Fortsetzung des sozialistischen Aufbaus in der DDR zu si-

---

* Bei den folgenden Ausführungen handelt es sich um die überarbeitete Fassung eines Vortrages, der zuerst auf einem im September 1982 vom Militärgeschichtlichen Forschungsamt in Freiburg/Brsg. veranstalteten Fortbildungslehrgang für Lehrstabsoffiziere und Dozenten der Wehrgeschichte an den Ausbildungseinrichtungen der Bundeswehr gehalten wurde. Vgl. Fischer, Alexander: Die Entmilitarisierung und Wiederaufrüstung in der Sowjetischen Besatzungszone Deutschlands und in der Deutschen Demokratischen Republik (1945 bis 1956), in: Entmilitarisierung und Aufrüstung in Mitteleuropa 1945-1956, hrsgg. vom Militärgeschichtlichen Forschungsamt, Herford/Bonn 1983, S. 37-56.

[1] Vgl. Johnson, A. Ross / Dean, Robert W. / Alexiev, Alexander: Die Streitkräfte des Warschauer Pakts in Mitteleuropa: DDR, Polen und CSSR, Stuttgart 1982, S. 96.

chern". Unter Umständen wird noch ohne weitere Erläuterung daran erinnert, daß es die SED in hervorragender Weise verstanden habe, eine „offensive Lösung ihres Militärprogramms" durchzusetzen[2]. Diese Art von Militärgeschichtsschreibung, wie sie nicht zuletzt in der Ära Ulbricht dominierte, verfuhr und verfährt nach einer Formel, die drei Angehörige des Ostberliner Ministeriums für Nationale Verteidigung im Jahre 1969 wie folgt fixiert haben: „Nach einer wissenschaftlichen Einschätzung der jeweiligen militärpolitischen Lage und ihrer Entwicklungstendenzen leitete die SED stets alle erforderlichen militärpolitischen Maßnahmen ein, die der gesellschaftlichen Entwicklung der DDR und der Klassenauseinandersetzung mit dem Imperialismus entsprechen."[3]

Befriedigen kann das ebensowenig wie das dahinter erkennbare Grundmuster der Historiker der DDR für die Beschreibung der deutschen Militärgeschichte nach 1945. Von der Behauptung ausgehend, daß in der SBZ „die konsequente Liquidierung der Überreste der faschistischen Wehrmacht und der faschistischen Kriegsideologie sowie die Vernichtung ihrer Grundlagen im Osten Deutschlands in der Periode bis 1949" gelungen sei[4], erstrahlt der Vorgang der Wiederbewaffnung in der SBZ/DDR in hellstem Licht. Aus diesem Blickwinkel ist in der SBZ „die Basis für eine imperialistische Militärmacht" für immer zerstört und damit die Grundlage „für die Sicherung des Friedens, für die Existenz der Nation und ihren sozialen Fortschritt" gelegt worden. Dagegen bleibt für das Gemälde der militärischen Entwicklung in den westlichen Besatzungszonen Deutschlands nur düsteres Grau und Schwarz: Hier sei es „der imperialistischen deutschen Reaktion" mit allen negativen Konsequenzen gelungen, „Teile des militärischen Führungsapparates und Resteinheiten der ehemaligen faschistischen Wehrmacht" zu konservieren[5].

Um dieses Zerrbild zu korrigieren, wird in diesem Beitrag der Versuch unternommen, den Zusammenhang zwischen „Entmilitarisierung" und „Wiederbewaffnung" in der SBZ/DDR in den Blick zu nehmen. Dabei soll, ausgehend von der Diskussion über die Ausrottung des deutschen Militarismus innerhalb der „Anti-Hitler-Koalition", auf die sowjetische Interpretation dieses Vorgangs gesondert eingegangen werden, ehe schließlich der Prozeß der Wiederbewaffnung in der SBZ und seine Vervollkommnung in der DDR ins Blickfeld gerückt wird.

---

[2] Für den zuverlässigen Schutz der Deutschen Demokratischen Republik, Berlin (Ost) 1969, S. 16 f.

[3] Ebd., S. 12.

[4] Zeittafel militärpolitischer und militärischer Ereignisse 1945 bis 1964, hrsgg. vom Institut für Deutsche Militärgeschichte, Berlin (Ost) 1965, S. 6.

[5] Ebd., S. 10 f.

I.

Ein Rückblick in die alliierte Diskussion um die Kriegsziele im Kampf mit dem „Dritten Reich" Hitlers macht ohne jeden Zweifel deutlich, daß das Zweckbündnis der „Anti-Hitler-Koalition" in der Ausrottung des „deutschen Militarismus" eine Aufgabe von zentraler Bedeutung erblickte. Der Gedanke an eine Entmilitarisierung Deutschlands war, wie Gerhard Wettig in seiner nach wie vor grundlegenden Studie über „Entmilitarisierung und Wiederbewaffnung in Deutschland" nachgewiesen hat, „in allen gegen Deutschland kämpfenden Ländern emotional-unreflektiert lebendig". Diese emotionale Befangenheit hat in der damaligen Ausnahmesituation in manchen Hauptstädten sogar zu dem Glauben verleitet, „daß mit der deutschen Militärmacht der einzige friedensbedrohende Faktor eliminiert werde und daß in dem deutschen Aggressor der Kriegsgeist schlechthin niedergezwungen werden könne". Es war jedenfalls nicht verwunderlich, wenn die alliierte Deutschlandpolitik in dem Willen, den deutschen Kriegsgegner auf Dauer militärisch auszuschalten, ganz wesentlich von zwei Gesichtspunkten bestimmt wurde: zum einen von dem Bestreben, militärische Sicherungen dafür zu schaffen, daß die Deutschen nicht nochmals imstande sein würden, ihre Nachbarn zu bedrohen, und zum anderen von der Absicht, die Deutschen „durch eine langdauernde Entwöhnung von allem Militärischen" allmählich moralisch umzuerziehen[6].

Beispielhaft ausgedrückt wurde die Zielsetzung der „Entmilitarisierung" Deutschlands im Abschlußkommuniqué über die Konferenz der „Großen Drei" von Jalta im Februar 1945, der sogenannten Krim-Konferenz. Im Abschnitt über „Besetzung und Kontrolle Deutschlands" war von der „unbeugsamen Absicht" der „Anti-Hitler-Koalition" die Rede, „den deutschen Militarismus und Nazismus zu vernichten und die Garantie dafür zu schaffen, daß Deutschland nie wieder in der Lage sein wird, den Weltfrieden zu brechen". Im einzelnen bekundeten die Regierungschefs in diesem Zusammenhang u.a. ihre Entschlossenheit,

— alle deutschen Streitkräfte zu entwaffnen und aufzulösen;
— den deutschen Generalstab, der „wiederholt zum Wiedererstehen des deutschen Militarismus beigetragen" habe, „für alle Zeiten zu zerschlagen";
— alle militärischen Einrichtungen Deutschlands zu beseitigen oder zu zerstören;
— die gesamte deutsche Industrie, die zur Rüstungsproduktion verwendet werden könnte, zu liquidieren oder unter Kontrolle zu stellen;
— alle Kriegsverbrecher einer gerechten und schnellen Bestrafung zuzuführen und
— „alle nazistischen Gruppen und militärischen Einflüsse" aus öffentlichen Einrichtungen zu entfernen.

---

[6] Vgl. Wettig, Gerhard: Entmilitarisierung und Wiederbewaffnung in Deutschland 1943-1955, München 1967, S. 23 f.

Nur wenn „Nazismus und Militarismus" ausgerottet seien, so lautete der unerbittliche Maßstab für die alliierte Deutschlandpolitik, bestehe für das deutsche Volk die Hoffnung „auf eine würdige Existenz und auf einen Platz in der Gemeinschaft der Nationen"[7].

Auf den ersten Blick war das auch der Standpunkt der Sowjetunion, die hier als spätere Herrin über eine eigene Besatzungszone in Deutschland und Protagonistin einer „neuen demokratischen Republik"[8] gesondert in den Blick genommen werden muß. Während des „Großen Vaterländischen Krieges" – z. B. auf den Gipfelkonferenzen der „Großen Drei" in Teheran, Jalta und Potsdam, bei Zusammenkünften der Außenminister oder während der Erörterungen in der „European Advisory Commission" – wurden die jeweiligen sowjetischen Vertreter nicht müde, auf die Notwendigkeit der Zerschlagung des deutschen Militarismus hinzuweisen. In Teheran z. B. warnte Stalin seine Bündnispartner eindringlich vor dem enormen Regenerationsvermögen der Deutschen. Von Kontrollmaßnahmen, wie sie Churchill oder Roosevelt vorgeschlagen hatten, z. B. dem Verbot der zivilen wie der militärischen Luftfahrt oder der Auflösung des Generalstabes, hielt er wenig: „Wenn wir den Bau von Flugzeugen verbieten", so erläuterte er seine diesbezüglichen Befürchtungen, „können wir nicht gleichzeitig die Möbelfabriken schließen", und bekanntlich könnten Möbelfabriken ja schnell auf die Produktion von Flugzeugen umgestellt werden[9].

Aus der Furcht heraus, Deutschland werde sich rasch wieder erholen und erneut „eine Aggression beginnen"[10], forderte er schärfste Präventivmaßnahmen: In Teheran z. B. schockte er den britischen Premierminister sogar mit dem Vorschlag, den deutschen Generalstab physisch zu liquidieren. Die ganze Schlagkraft der mächtigen Armeen Hitlers, so erinnerte sich Churchill später an die Stalinsche Argumentation für eine solche Maßnahme, hänge von etlichen fünfzigtausend Offizieren und Sachverständigen ab. Wenn man diese bei Kriegsende festnehme und erschieße, dann sei Deutschlands militärische Kraft für immer gebrochen. Wenn die Alliierten zusätzlich die wichtigsten strategischen Punkte in der Welt besetzten, um Deutschland sofort stoppen zu können, wenn dieses auch nur „einen Muskel bewege", dann war nach seiner Meinung die Gewähr dafür geboten, daß Deutschland nicht nach fünfzehn oder zwanzig Jahren wieder einen Krieg vom Zaune brechen könne[11].

---

[7] Vgl. Fischer, Alexander (Hrsg.): Teheran-Jalta-Potsdam. Die sowjetischen Protokolle von den Kriegskonferenzen der „Großen Drei", Köln [3]1985, S. 184 f.

[8] So eine Formulierung aus der Resolution der sog. Berner Konferenz der KPD vom 1. Februar 1939: Berthold, Lothar / Diehl, Ernst (Hrsg.): Revolutionäre deutsche Parteiprogramme, Berlin (Ost) 1967, S. 178 ff.

[9] Fischer, Teheran-Jalta-Potsdam, S. 47.

[10] Ebd., S. 48.

[11] Fischer, Alexander: Sowjetische Deutschlandpolitik im Zweiten Weltkrieg 1941 bis 1945, Stuttgart 1975, S. 71 f.

Bei näherem Hinsehen weist die sowjetische Haltung in der Frage der „Entmilitarisierung" Deutschlands freilich eine eigenartige Ambivalenz auf. Erstmalig war sie in einer Phase anhaltender Enttäuschung Moskaus über die Kriegführung seiner westlichen Alliierten zu beobachten gewesen: im Juli 1943 bei der Gründung des Nationalkomitees „Freies Deutschland". Damals wurden die unzähligen Erklärungen sowjetischer Politiker und Funktionäre, in denen von der „Zerschmetterung der Hitlerarmeen" und der „Ausrottung des deutschen Militarismus" als Voraussetzung für den Frieden in Europa die Rede war[12], in dem Moment zu Makulatur, als man sich Hoffnungen machte, die bis dahin als „faschistische deutsche Okkupanten" verschrieenen Offiziere und Soldaten der Wehrmacht[13] könnten durch den Sturz Hitlers den deutsch-sowjetischen Krieg beenden. Jedenfalls sprechen Anzeichen dafür, daß mit der von langer Hand vorbereiteten Sammlungsbewegung von kriegsgefangenen Angehörigen der deutschen Wehrmacht und kommunistischen deutschen Emigranten — einer wohlgemerkt dem deutschlandpolitischen Prinzip der „Anti-Hitler-Koalition", der bedingungslosen Kapitulation, zuwiderlaufenden Gründung — vor allem der Wehrmacht ein Zeichen gegeben werden sollte, um durch die Beseitigung des Diktators die Voraussetzungen für eine sofortige Beendigung der Kampfhandlungen zu schaffen und darüber hinaus die grundsätzliche Bereitschaft zu einer politischen Zusammenarbeit mit einem künftigen deutschen Staat ohne Hitler zu dokumentieren. Man wird die Formulierung des ehemaligen Nationalkomiteemitgliedes und Generalmajors Dr. Otto Korfes, daß die Sowjetunion damals „keinen revolutionären Umschwung in Deutschland verlangte, sondern bereit war, mit einem demokratisch regierten Reiche Frieden zu machen", ebensowenig ignorieren können, wie Berichte über eine sowjetische Zusage an General v. Seydlitz, Moskau werde bei einer erfolgreichen Aktion der Wehrmacht gegen Hitler ein Reich in den Grenzen von 1937 akzeptieren und als Bedingung lediglich „eine bürgerlich-demokratische Regierung" fordern, die „durch Freundschaftsverträge mit dem Osten verbunden" sei[14].

II.

Es geht hier nicht darum, eine Diskussion über Sinn und Zweck des Nationalkomitees „Freies Deutschland" zu entfachen. Es kommt vielmehr darauf an, an diesem Beispiel einmal zu zeigen, wie rasch ein nach außen hin feststehendes Kriegsziel den Interessen der UdSSR untergeordnet wurde und damit Veränderungen unterworfen war. Das legt die Frage nahe, ob die Parole von der „Ent-

---

[12] Vgl. Stalin, J.: Über den Großen Vaterländischen Krieg der Sowjetunion, Berlin (Ost) 1952, S. 112.

[13] Ebd., S. 106.

[14] Fischer, Deutschlandpolitik, S. 54 f.

militarisierung" Deutschlands im Verlaufe des „Großen Vaterländischen Krieges" auf sowjetischer Seite stets eine gleichbleibende Interpretation erfahren
hat. Das Beispiel „Nationalkomitee 'Freies Deutschland' " deutet schon an, daß
diese Frage zu verneinen ist. Vor dem Hintergrund verständlicher Erbitterung
über den deutschen Wortbruch und Überfall war sie in der ersten Phase des
Krieges, etwa bis zur Wende von Stalingrad, nicht mehr und nicht weniger als
eine griffige, aber inhaltsleere Standardformel in der psychologischen Kriegführung, vielleicht auch der kleinste gemeinsame Nenner der „Anti-Hitler-
Koalition". Nach der kurzen Phase, als mit dem Nationalkomitee für wenige
Monate in der sowjetischen Deutschlandpolitik die „patriotische Karte" gespielt wurde, gewinnt der Beobachter den Eindruck, als sei die Forderung nach
„Entmilitarisierung" Deutschlands ab der Konferenz von Moskau im Herbst
1943 verstärkt im Chor der „Anti-Hitler-Koalition", insbesondere im Einver-
nehmen mit London, mit dem Ziel erhoben worden, eine nachhaltige Schwä-
chung Deutschlands herbeizuführen. Das westliche Programm zur Beseitigung
des militärischen und wirtschaftlichen Potentials Deutschlands diente dabei den
Sowjets als willkommenes Instrument, „um die Entmachtung des stärksten der
Kontinentalstaaten außer der Sowjetunion durchzusetzen"[15].

Das war noch nicht alles: Bereits in dieser Phase der interalliierten Solidarität mit ihren Höhepunkten auf den Konferenzen von Moskau und Teheran im
Herbst 1943 gab es Hinweise darauf, daß in der sowjetischen Führungsspitze
unter „Entmilitarisierung" Deutschlands mehr als nur die Zerschlagung der
deutschen Armee und der deutschen Rüstungsindustrie, mehr als nur die Liquidierung des deutschen Offizierskorps verstanden wurde. Zu erinnern ist hier an
eine Unterredung Stalins mit Churchill und Eden im Verlaufe der Konferenz
von Teheran, die auf Wunsch des britischen Premierministers zustandegekom-
men war, um sich einmal darüber auszutauschen, „was nach errungenem Sieg
zu tun sein werde". Stalin kam damals sofort auf das deutsche Problem zu sprechen, benutzte wiederum die Gelegenheit, um vor der Gefahr zu warnen, daß
sich die Deutschen nach dem Kriege schnell erholen und „binnen verhältnis-
mäßig kurzer Zeit" einen neuen beginnen könnten, machte aber auch in Sachen
„Entmilitarisierung" Deutschlands einen bemerkenswerten Vorschlag, um die
Deutschen – „ein tüchtiges Volk, voller Erfindungsgeist und sehr fleißig" – an
solchem Tun zu hindern: Die „spezifischen Verhältnisse Deutschlands mit seinem Junkertum und seinen großen Rüstungskonzernen" seien so gelagert, so
versuchte er dem britischen Premierminister begreiflich zu machen, daß es
immer aufs neue eine Gefahr für den Frieden bilden könne. „Wir könnten allerdings versuchen", so deutete er damals zum ersten Male die Möglichkeit einer
grundlegenden Veränderung der Gesellschaftsordnung Nachkriegsdeutschlands
an, „diese Verhältnisse zu ändern"[16].

---

[15] Wettig, Entmilitarisierung, S. 32.
[16] Fischer, Deutschlandpolitik, S. 70.

Je deutlicher sich gegen Ende des Krieges die Möglichkeit abzeichnete, daß der Sowjetunion bei der Neuordnung der europäischen Mitte ein beträchtliches Maß an Mitgestaltungsrecht zufallen würde, desto nachhaltiger erfuhr die Parole von der „Entmilitarisierung" Deutschlands sowjetischerseits eine Intensivierung in die von Stalin im Herbst 1943 angedeutete Richtung. Auch die Art und Weise der deutschlandpolitischen Planung machte deutlich, daß für Moskau immer stärker klassenkämpferische Aspekte in den Vordergrund rückten. Dementsprechend erfuhr die Forderung nach „Entmilitarisierung" Deutschlands aus Moskauer Sicht eine entscheidende qualitative Veränderung, die über die Auflösung der Wehrmacht, die Liquidierung des Generalstabes, die Zerstörung der Rüstungsindustrie, die Auslieferung der Kriegs- und Handelsflotte oder die Auflösung der Kriegervereine weit hinausging. Ins sowjetische Blickfeld gerieten nun vielmehr die „preußische Adelskaste" und Ostelbien als „Hort der Reaktion", weil sie mit Hilfe der Schablone des Marxismus-Leninismus als Säulen „des militaristischen preußisch-deutschen Staates" ausgemacht worden waren. Als nicht minder bedeutsam wurde die „Entmachtung des Monopolkapitals" herausgestellt, kurzum: Eine gründliche Ausmerzung „des Faschismus und Militarismus" wurde sowjetischerseits mit einer revolutionären Veränderung der Eigentumsverhältnisse in Deutschland gleichgesetzt[17].

Die bekannte Formel aus dem Abschlußkommuniqué der Konferenz von Jalta, daß es die „unbeugsame Absicht" der Alliierten sei, „den deutschen Militarismus und Nazismus zu vernichten und die Garantie dafür zu schaffen, daß Deutschland nie wieder in der Lage sein wird, den Weltfrieden zu brechen"[18], erhielt damit im Gegensatz zur westlichen Interpretation in sowjetischer Sicht einen völlig anderen Sinn — bekanntlich mit entsprechenden Konsequenzen in der Besatzungspolitik in der SBZ: „Entmilitarisierung" bedeutete dort nicht in erster Linie das Verbot der Tätigkeit jeder nazistischen und militärischen Organisation bis hin zu den militärischen Traditionsverbänden, sondern vor allem „die Liquidierung des Junkertums als Klasse" durch die sogenannte demokratische Bodenreform („Junkerland in Bauernhand") in den Jahren 1945/46[19] und die durch den sogenannten Volksentscheid von 1946 in Sachsen eingeleitete „Entmachtung des deutschen Monopolkapitals" — in östlicher Interpretation entscheidende Schritte auf dem Weg „zur Verhinderung künftiger Kriege von seiten Deutschlands"[20]. Wenn nicht zuletzt damit in der Historiographie der DDR die Behauptung verbunden ist, auf diese Weise sei „der stabilste, erfolgreichste, mit den Lehren jahrhundertelanger Kämpfe und den Träumen der Größten unseres Volkes am innigsten verbundene Staat deutscher Geschichte" entstanden, dann erscheint es unter klassenkämpferischen Ge-

---

[17] Vgl. DDR – Werden und Wachsen, hrsgg. vom Zentralinstitut für Geschichte der Akademie der Wissenschaften der DDR, Frankfurt a. M. 1975, S. 56.

[18] Fischer, Teheran-Jalta-Potsdam, S. 184.

[19] DDR – Werden und Wachsen, S. 63.

[20] Ebd., S. 90.

sichtspunkten logisch, den Prozeß der Wiederbewaffnung in der SBZ/DDR im Gegensatz zur „Remilitarisierung Westdeutschlands" mit positiven Vorzeichen zu versehen. Maßgeblich dafür ist die in der DDR parteiamtlich vorgeschriebene Überzeugung, daß der Sozialismus „die verteidigungswürdigste Ordnung in der Geschichte der menschlichen Gesellschaft" sei[21].

III.

In Moskau, genauer gesagt: unter den Verantwortlichen für die sowjetische Deutschlandpolitik im ZK der KPdSU und der Politischen Hauptverwaltung der Roten Armee, aber auch unter den mit speziellen Ausarbeitungen zur sowjetischen Deutschlandplanung befaßten Politemigranten der KPD, besaß man nicht nur konkrete Vorstellungen von der „Entmilitarisierung" Deutschlands, sondern auch frühzeitig gewisse Vorstellungen von einer deutschen „Wiederbewaffnung". Die Angaben sind zwar spärlich, aber dennoch steht fest: Für die Arbeitskommission des Politbüros des Zentralkomitees der KPD, die seit Februar 1944 mit den Vorbereitungen für die „nationale Wiedergeburt Deutschlands" befaßt war[22], galt es offenbar als selbstverständlich, daß der neue deutsche Staat bewaffnet sein werde. Orientiert an einem Schlüsseldokument kommunistischer Deutschlandpolitik, der Resolution der sogenannten Berner Konferenz der KPD von 1939, in der für die „neue demokratische Republik" eine „Volksarmee" vorgesehen war[23], enthielt die erste größere Ausarbeitung der Arbeitskommission, das „Aktionsprogramm des Blocks der kämpferischen Demokratie" von 1944, wie selbstverständlich die Forderung nach „Schaffung einer Volksmiliz"[24]. Das Ganze hatte nur einen Haken: Die Gründung war vom Ausbruch und vom Gelingen des von den deutschen Kommunisten in Moskau noch vor Ende des Zweiten Weltkrieges erwarteten und unterstützten gewaltsamen Umsturzes in Deutschland abhängig, der „eine revolutionär-demokratische Volksmacht" in den Besitz von Schlüsselstellungen in Staat und Gesellschaft bringen sollte[25].

Das Ausbleiben des bewaffneten Aufstandes und des in diesem Zusammenhang erwarteten gewaltsamen Umsturzes in Deutschland hat die Moskauer

---

[21] Vgl. Richter, Richard / Oeckel, Heinz / Dziewulski, Alfred: Die schöpferische Anwendung der Leninschen Lehre von der Verteidigung des sozialistischen Vaterlandes durch die SED und die Staatsführung der Deutschen Demokratischen Republik, in: Für den zuverlässigen Schutz, S. 9 f.

[22] Vgl. dazu Fischer, Deutschlandpolitik, S. 83 ff.

[23] Vgl. Berthold/Diehl, S. 179.

[24] Laschitza, Horst: Kämpferische Demokratie gegen Faschismus, Berlin (Ost) 1969, S. 199.

[25] Benser, Günter: Über den friedlichen Charakter der revolutionären Umwälzung in Ostdeutschland, in: Beiträge zur Geschichte der Arbeiterbewegung, 7. Jg. (1965), H. 2, S. 196.

Pläne für eine „Entmilitarisierung" Deutschlands bzw. der SBZ nach sowjetischen Vorstellungen, wie aus speziell ausgearbeiteten „Arbeitsrichtlinien" für die Initiativgruppen der deutschen Kommunisten, vor allem jedoch aus der in der Praxis verwirklichten Besatzungspolitik ersichtlich ist[26], nicht verändert. Im Blick auf eine mögliche „Wiederbewaffnung" jedoch hat der ausgebliebene Aufstand und die damit verbundene Notwendigkeit eines Arrangements mit den anderen Besatzungsmächten eine ganz wesentliche Auswirkung gehabt: die vorläufige Begrenzung dieser „Remilitarisierung" auf die Bildung deutscher Polizeiorgane.

Es galt lange Zeit als ausgemacht, daß sich die sowjetischen Besatzungsorgane in Fragen der Aufrechterhaltung der inneren Sicherheit in ihrer Zone ohne den Zwang zur Rücksichtnahme auf Verbündete, Bevölkerung und die neu entstehenden deutschen Behörden grundsätzlich vom Vorgehen der drei westlichen Besatzungsmächte unterschieden hätten. In der Literatur wurde über weite Strecken sogar der Eindruck erweckt, als sei in der SBZ „schon frühzeitig und von Anfang an zielbewußt an den Aufbau sowjetzonaler bewaffneter Einheiten" herangegangen worden[27]. Indessen erscheint es unter den Umständen des Jahres 1945 fragwürdig, den Vorgang der „Militarisierung" oder „Aufrüstung" der SBZ schon „unmittelbar nach dem Krieg" beginnen zu lassen[28] oder von einer „seit dem Ende des Krieges" systematisch und zielstrebig vorbereiteten und vollzogenen „Aufstellung kommunistischer militärischer Verbände" in der SBZ zu sprechen[29]. Eine differenzierende Korrektur eines über Jahrzehnte hinweg gängigen Klischees gilt auch und gerade dann, wenn in gelegentlichen Aussagen führender Repräsentanten der DDR oder in der marxistisch-leninistischen Historiographie des zweiten deutschen Staates vom 1. Juli 1945 als dem Tag gesprochen wird, „an dem erstmalig in der Geschichte in einem Teil Deutschlands die Arbeiterklasse den Schutz ihrer antifaschistisch-demokratischen Ordnung selbst übernahm"[30], oder der 31. Oktober 1945, der offizielle Tag der Gründung der „Deutschen Volkspolizei", als die „Geburtsstunde der bewaffneten Kräfte der deutschen Arbeiterklasse" gilt[31].

---

26 Fischer, Alexander: „Antifaschistisch-demokratischer" Neubeginn 1945, in: Deutschland Archiv, 8. Jg. (1975), H. 4, S. 362 ff.

27 So Geyer, Rolf: Bundeswehr und Nationale Volksarmee, in: Riemer, Rudolf (Hrsg.): Streitkräfte im geteilten Deutschland, München 1976, S. 10 f.

28 So Forster, Thomas M.: Die NVA – Kernstück der Landesverteidigung der DDR, Köln 6 1983, S. 18.

29 So Kabel, Rudolf: Die Militarisierung der Sowjetischen Besatzungszone Deutschlands, Bonn/Berlin 1966, S. 25.

30 Winkelmann, Hans-Hugo: 15 Jahre Deutsche Volkspolizei, in: Der Kämpfer, Nr. 7/1960, zitiert nach: Kabel, S. 67.

31 So eine Formulierung des bis 1960 als Chef der Präsidialkanzlei beim Staatspräsidenten der DDR amtierenden Staatssekretärs Max Opitz aus dem Jahre 1959, zitiert nach: Forster, S. 18.

Ein genauer und vor allem ein allgemeingültiger Termin für die Bildung einer bewaffneten deutschen Ordnungspolizei in Berlin und in der SBZ dürfte sich nur schwer bestimmen lassen. Unbestritten ist, daß einzelne Kommandanturen der sowjetischen Besatzungsmacht bereits „in den ersten Wochen und Monaten nach Kriegsende" Entscheidungen im Sicherheitsbereich trafen. Dabei war weniger aufregend, daß örtliche Polizeiorgane „mit den notwendigen materiellen und technischen Ausrüstungen" versehen wurden; viel entscheidender war, daß bei dieser Gelegenheit in erster Linie „der Arbeiterklasse treu ergebene Antifaschisten in leitende Positionen" dieser neuen Polizeiorgane eingesetzt wurden[32].

Die nach Angaben in der westlichen Literatur in den Monaten Juni und Juli 1945[33], nach offizieller Datierung in der Historiographie der DDR am 1. Juli 1945 gebildeten Polizeiorgane, deren Bewaffnung von der SMAD am 31. Oktober 1945 erlaubt wurde[34], müssen in erster Linie als Organe „zur Aufrechterhaltung der öffentlichen Sicherheit und Ordnung" angesehen werden, soweit diese Aufgabe unter den besonderen Bedingungen der Besatzungsherrschaft überhaupt zu erfüllen war. Bekanntgewordene Dienstvorschriften der Kreispolizei Mark Brandenburg aus jener Zeit rücken jedenfalls diese Ordnungsfunktion in den Vordergrund: Die Aufgabe der Polizei sollte danach in erster Linie in der „vorbeugenden Gefahrenabwehr" bestehen, wozu seinerzeit übrigens auch „die Fahndung nach Waffen, Munition, Kriegsgerät, die Beseitigung bzw. Sicherung von gefährlicher Munition und Sprengstoffen" gehörte[35].

Bemerkenswerte Entscheidungen im Sinne einer Erweiterung der Funktion als Ordnungspolizei fielen im Jahre 1946. Hier ist vor allem auf eine wesentliche Veränderung in der organisatorischen Struktur zu verweisen: Die zunächst nur auf Landesebene zusammengefaßten Polizeiorganisationen erhielten am 1. August 1946 mit der auf Befehl der SMAD in Ost-Berlin errichteten „Deutschen Verwaltung des Inneren" eine neue zentrale Spitze. Sie stand unter der Leitung des Altkommunisten Erich Reschke und war in ihren Schlüsselstellungen mit bewährten Kommunisten besetzt. Sie bildete die oberste Kommandobehörde für alle, seinerzeit bereits 45 000 Mann umfassenden Verbände der „Deutschen Volkspolizei"[36].

Neben dieser bedeutungsvollen organisatorischen Maßnahme erfolgte die Gründung zweier neuer Polizeiformationen, der „Transportpolizei" und der

---

[32] Graehn, Gido: Entwicklungsprobleme der Volkspolizei im demokratischen Berlin 1948/49, in: Beiträge zur Geschichte der Arbeiterbewegung, 16. Jg. (1974), H. 3, S. 474.

[33] So z.B. Kabel, S. 25.

[34] Schulz, Günter: Ein Schritt zur Entmachtung des deutschen Militarismus (1945), in: Zeitschrift für Militärgeschichte, 4. Jg. (1965), H. 3, S. 294; Geyer, S. 11.

[35] Greese, Karl / Schulz, Günter: Militärpolitische Fragen der nationalen Politik der KPD und SED (1945-1949), in: ebd., 6. Jg. (1967), H. 2, S. 139.

[36] Forster, S. 20 f.

„Deutschen Grenzpolizei". Insbesondere die mit Weisung der SMAD vom 28. November 1946 begonnene Aufstellung der Grenzpolizei ist bei westlichen Beobachtern „als eine Erweiterung des sowjetischen Kriegspotentials im Rahmen der stalinistischen Eroberungspolitik" empfunden worden[37]. Meldungen, daß diese Grenzpolizei-Einheiten mit Karabinern und Pistolen ausgerüstet seien, zudem kaserniert und militärisch ausgebildet würden[38], mögen zu dieser Interpretation beigetragen haben. Immerhin existierten in der SBZ um die Jahreswende 1947/48 „zentral gelenkte bewaffnete Kräfte" in beträchtlicher Zahl: 60 000 Mann Volkspolizei, 10 000 Mann Grenzpolizei und 7 400 Mann Transportpolizei[39].

IV.

Viele Anzeichen sprechen dafür, daß ernsthafte Überlegungen und Maßnahmen zu einer „Wiederbewaffnung" der SBZ und zur Einbeziehung ihres militärischen Potentials in den entstehenden Ostblock mit der Verschärfung des Ost-West-Konflikts in den Jahren 1947/48 angestellt bzw. getroffen wurden[40]. Der genaue Termin der Entscheidung für eine Wiederbewaffnung der SBZ läßt sich noch nicht hundertprozentig exakt bestimmen. Immerhin gibt es einen wichtigen Anhaltspunkt in den Memoiren des ehemaligen Sozialdemokraten Erich W. Gniffke, bis zu seiner Flucht in den Westen hoher Funktionär der SED. Dort ist nachzulesen, daß Walter Ulbricht die Mitglieder des Zentralsekretariats der SED im Frühherbst 1947 darüber informierte, die SMAD habe seit einigen Monaten damit begonnen, organisatorische Vorbereitungen für den Aufbau einer „zentralisierten, schlagkräftigen Polizeitruppe" zu treffen, „damit die SMAD nach und nach auch ihre Truppen verringern und schließlich ganz zurückziehen könne"[41]. Es ist anzunehmen, daß diesen Vorbereitungen im folgenden Jahr konkrete Maßnahmen folgten. Wettig berichtet, daß im Frühjahr 1948 deutsche Arbeitsgruppen mit der Detailplanung beauftragt worden seien[42]. Offenbar ist damit der Wiederbewaffnungsprozeß in der SBZ eingeleitet worden. Diese Vermutung wird durch die Militärgeschichtsschreibung der DDR bestätigt: Die marxistisch-leninistische Partei der deutschen Arbeiterklasse habe aus der Lage, „wie sie um die Mitte des Jahres 1948 bestand", die Schlußfolgerung gezogen, so heißt es in einem Beitrag der Ostberliner „Zeit-

---

[37] Remilitarisierung und Aufrüstung in der Sowjetzone, hrsgg. vom Vorstand der SPD, Bonn o.J., S. I.

[38] Vgl. Kabel, S. 27.

[39] Geyer, S. 11.

[40] Vgl. Wettig, Gerhard: Die politischen Überlegungen bei der ostdeutschen Wiederbewaffnung 1947-1952, in: Aspekte der deutschen Wiederbewaffnung bis 1955, hrsgg. vom Militärgeschichtlichen Forschungsamt, Boppard 1975, S. 8.

[41] Gniffke, Erich W.: Jahre mit Ulbricht, Köln 1966, S. 262.

[42] Wettig, Überlegungen, S. 1.

schrift für Militärgeschichte", „daß die allseitige Festigung der antifaschistisch-
demokratischen Ordnung als Hauptaufgabe im Kampf um die Lösung der nationalen Frage des deutschen Volkes gleichzeitig eigene Anstrengungen für den
bewaffneten Schutz der neuen Ordnung und die schnelle Entwicklung der Verteidigungsbereitschaft des werktätigen Volkes erforderlich" machten. Zur Verwirklichung dieser Aufgabenstellung sei damals mit dem Aufbau von Volks-
polizeibereitschaften begonnen und „der Erziehungsprozeß der Werktätigen
zur aktiven Wehrbereitschaft eingeleitet" worden. Späteren Ausführungen
Walter Ulbrichts ist zu entnehmen, daß die Verantwortlichen gehalten waren,
„wie in der Machtfrage insgesamt auch in der Militärfrage keine Halbheiten"
zuzulassen[43].

Über die Funktion dieser Streitkräfte herrscht noch keine Klarheit. Vermutet werden können mehrere Möglichkeiten:

Als rein defensive Zielsetzung kommt die Absicht in Frage, mit Hilfe dieser
bewaffneten Macht die Herrschaft der SED auf lange Sicht, d. h. über den Zeitpunkt des Abzuges der sowjetischen Besatzungstruppen und der Beendigung
des Besatzungsregimes hinaus, aufrechtzuerhalten. Die kommunistischen deutschen Streitkräfte hätten dann — so vermutet z. B. Wettig — die Aufgabe gehabt, „die führende Rolle der an Moskau gebundenen SED-Funktionäre in der
Sowjetzone gegen innere und äußere Widerstände zu sichern"[44]. Auch wenn
in der SBZ seinerzeit immer wieder einmal Gerüchte über einen bevorstehenden
Abzug der sowjetischen Besatzungstruppen kursierten[45], hat diese Version
angesichts wachsender Konfrontation der Großmächte im Kalten Krieg wenig
für sich.

Nicht auszuschließen ist ein offensive Zielsetzung. Sie könnte darin bestanden haben, die sowjetzonalen Truppen als ein Instrument einzusetzen, um im
Zuge einer bewaffneten Auseinandersetzung zwischen den Großmächten die
Herrschaft der SED auf ganz Deutschland auszudehnen. Es existieren Äußerungen prominenter Funktionäre der SBZ, die für diese Zielvariante sprechen.
So drohte der thüringische Innenminister Willy Gerhardt (SED) im Sommer
1949 den Westdeutschen mit einer „erbarmungslosen Abrechnung": Es werde
die Zeit kommen, so erklärte er am 26. Juni in der Landespolizeischule Erfurt,
„wo vor dem Marschtritt der demokratischen Volkspolizei die im Westen sich
jetzt noch wohlfühlenden und unter der Sonne des anglo-amerikanischen Imperialismus sich tummelnden Quislinge und Verräter der deutschen Einheit am

---

[43] Nelles, Toni: Der Aufbau und die Entwicklung der NVA — schöpferische Anwendung des Leninschen Militärprogramms durch die SED (I), in: Zeitschrift für Militärgeschichte, 9. Jg. (1970), H. 1, S. 20.

[44] Nach Wettig, Überlegungen, S. 11.

[45] Vgl. Archiv der sozialen Demokratie (AsD), Bonn, Akten Ostbüro, 0011-0007/
0005: Bericht vom 2.2.1949 („Deutsche Verwaltung des Innern in der sowjetischen Besatzungszone"), S. 9.

liebsten vor Angst in die Erde kriechen werden"[46]. Sein brandenburgischer Kollege, der frühere Wehrmachtsmajor Bernhard Bechler, wurde kurze Zeit später noch deutlicher: „Wir werden den Anglo-Amerikanern zusammen mit den Truppen der Sowjetarmee ein derartiges Dünkirchen bereiten", so erklärte er laut einer Meldung des „Sozialdemokrat" vom 14. August 1949 vor dem Offiziersnachwuchs in der Polizeischule Frankfurt an der Oder, „daß ihnen die Lust und das Interesse an Deutschland ein für allemal vergeht"[47]. Die Aussagen der beiden Innenminister lagen auf der Linie eines Kommentars von Radio Moskau aus dem Sommer 1949, in dem die Volkspolizei als „die wichtigste Organisation zur Sicherung der demokratischen Errungenschaften" Deutschlands bezeichnet wurde, die unter der Aufsicht sowjetischer Dienststellen und „unter Führung bewährter deutscher Generale und Freunde der Sowjetvölker" zu „einer schlagkräftigen Waffe in der Hand der Werktätigen" gemacht worden sei. Dieses „mächtige Instrument der großen Idee des Sozialismus" stehe bereit, so wurde ihr Aufgabenbereich aus Moskauer Sicht beschrieben, „gegen Kapitalismus, Faschismus und Militarismus, für die Wiederherstellung der Einheit Deutschlands, für die Befreiung der Deutschen vom Joch der kapitalistischen Kolonialherrschaft und für die Verteidigung der Errungenschaften in der sowjetischen Besatzungszone zu kämpfen"[48].

Die offensive Zielsetzung für die Streitkräfte der SBZ bzw. der DDR könnte freilich auch darin bestanden haben, daß man in Moskau im Ringen um Deutschland eine militärische Trumpfkarte für jenen Zeitpunkt in der Hand haben wollte, da „eigene Streitkräfte" als zusätzliches Argument in der Auseinandersetzung um die „deutsche Frage" eine Rolle spielen würden[49]. Eine politische Strategie dieser Art setzte allerdings voraus, „daß Stalin von der assimilierenden Kraft der Sowjetzone gegenüber Westdeutschland überzeugt war"[50]. Dafür sprechen alle Äußerungen von Politikern der UdSSR und der DDR, so daß zumindest für die erste Hälfte der fünfziger Jahre diese Zielvorstellung nicht ausgeschlossen werden kann.

Ausscheiden muß die Annahme, daß von sowjetischer Seite die Aufstellung von deutschen Streitkräften im Hinblick auf einen neutralen gesamtdeutschen Staat forciert werden wäre. Im Zuge des eskalierenden Ost-West-Konflikts wurde in allen sowjetischen Stellungnahmen unmißverständlich darauf hinge-

---

[46] AsD Bonn, Zeitungsausschnitt-Archiv (ZAA), Mappe T/C 75, 1949: Innenpolitische Information, hrsgg. vom Hessischen Ministerium des Innern, Nr. 63 vom 16.7.1949, S. 6 f.

[47] AsD Bonn: ZAA, Mappe T/C 75, 1949: „Sozialdemokrat" vom 14.8.1949.

[48] AsD Bonn: ZAA, Mappe T/C 75, 1949: „Hamburger Abendblatt" vom 3.8.1949.

[49] Vgl. Fischer, Alexander: Anmerkungen zur sowjetischen Deutschlandpolitik in der Phase der EVG, in: Die Europäische Verteidigungsgemeinschaft. Stand und Probleme der Forschung, hrsgg. vom Militärgeschichtlichen Forschungsamt, Boppard 1985, S. 232 ff.; dazu Wettig, Entmilitarisierung, S. 497 ff.

[50] Wettig, Überlegungen, S. 12. Vgl. dazu Jacobsen, Hans-Adolf u.a. (Hrsg.): Drei Jahrzehnte Außenpolitik der DDR, München/Wien 1979, S. 55 f.

wiesen, daß es für die Völker, namentlich aber für das deutsche Volk, „nur die Wahl zwischen der Welt des 'Sozialismus' und derjenigen des 'Imperialismus' " geben könne[51].

V.

Nach den vorliegenden Materialien vollzog sich der erste Teil des Wiederbewaffnungsprozesses in der SBZ/DDR in zwei größeren Etappen, die wesentlich von der sicherheits- und militärpolitischen Interessenlage der Sowjetunion bestimmt worden sind: in einer ersten von 1947/48 bis zur Jahreswende 1951/52 und in einer zweiten von 1952 bis zur Gründung der „Nationalen Volksarmee" Anfang des Jahres 1956.

Über die erste Etappe, die Phase der verdeckten Aufrüstung, liegt inzwischen so umfangreiches Material vor, daß einigermaßen zuverlässige Aussagen gemacht werden können. Zunächst ist mit hoher Wahrscheinlichkeit davon auszugehen, daß ein Befehl der SMAD vom 3. Juni 1948 zur Bildung von VP-Bereitschaften und Einsatzkommandos (kasernierte Verbände) den Wiederbewaffnungsprozeß in der SBZ endgültig in Gang setzte[52]. Ebenso unbestritten dürfte sein, daß die Kader für die neu zu bildenden VP-Bereitschaften im wesentlichen von der Volkspolizei gestellt wurden. Offenbar sind jedoch auch Unteroffiziere und Mannschaftsdienstgrade der ehemaligen Wehrmacht, in der Regel in sowjetischen Antifa-Lagern, politisch geschult und „vielfach mit der Verpflichtung zum Dienst in den Bereitschaften aus der Gefangenschaft entlassen"[53], als Kader herangezogen worden. Es ist belegt, daß im Juli 1948 unter den deutschen Kriegsgefangenen in der Sowjetunion eine Sonderaktion durchgeführt wurde, die „im Zusammenhang mit dem Aufbau der späteren KVP" stand. Darauf deuteten das sorgfältige Auswahlverfahren und die strikte Geheimhaltung hin, insbesondere aber die Tatsache, daß für diese Aktion nur Kriegsgefangene in Frage kamen, „die neben einwandfreier sozialer Herkunft im Sinne des Systems über spezielle militärische Kenntnisse, insbesondere in der Waffentechnik und im Nachrichtenwesen, verfügten"[54]. Nach bisher unveröffentlichten Unterlagen erstreckten sich die sogenannten Heimkehreraktionen, die auf deutschem Boden im Lager Fürstenwalde und in der früheren Horn-Kaserne in Frankfurt an der Oder abgewickelt wurden, auf die Jahre 1948 und 1949.

---

[51] Wettig, Überlegungen, S. 12.

[52] Forster, S. 21. Vgl. AsD Bonn: ZAA, Mappe T/C 75, 1949: Diplomaten-Dienst, Hamburg, Nr. 33 vom 18.8.1949, S. 1.

[53] Wettig, Überlegungen, S. 2.

[54] Vgl. Robel, Gert: Die deutschen Kriegsgefangenen in der Sowjetunion. Antifa, München 1974, S. 279 f.; dazu Drews, Manfred / Stoll, Max: Soldaten der ersten Stunde, Berlin (Ost) 1981, S. 119 f.

Es ist anzunehmen, daß mehrere tausend Kriegsgefangene diesen Weg aus sowjetischer Kriegsgefangenschaft beschritten haben[55].

Die vorhandenen Kader wurden in VP-Bereitschaften und VP-Schulen zusammengefaßt und unter sowjetischer Kontrolle bzw. „Beratung" nach Dienstvorschriften der Wehrmacht ausgebildet, ehe im Jahre 1950 Übersetzungen von Dienstvorschriften der Sowjetarmee zur Verfügung standen. Ende des Jahres 1948 sollen diese VP-Bereitschaften bereits eine Stärke von 7 500, nach anderen Angaben von knapp 10 000 Mann besessen haben[56]. Der Beginn erster, fünfzehnmonatiger Spezialkurse für deutsche Spitzenkader an sowjetischen Militärakademien mit Teilnehmern wie Richard Staimer (ehem. Spanienkämpfer; 1946-1949 Polizeichef des Landes Brandenburg), Paul Markgraf (ehem. Hauptmann der Wehrmacht, Ritterkreuzträger; 1945-1949 Polizeipräsident von Berlin bzw. Ostberlin), Hermann Rentzsch (ehem. Oberleutnant der Wehrmacht; bis 1949 Chef der Hauptabteilung „Grenzpolizei und Bereitschaften" in der Deutschen Verwaltung des Inneren), Kurt Vogel (ehem. Spanienkämpfer; 1946 Polizeichef in Potsdam), Bernhard Bechler (ehem. Major der Wehrmacht; 1946-1949 Innenminister des Landes Brandenburg) u.a.[57], dazu eine weitere Vermehrung der VP-Bereitschaften und ihre stärkere Differenzierung nach Waffengattungen (1949: 24 Inf.-, 7 Art.-, 3 Panzer-, 3 Nachrichten- und 2 Pionier-Bereitschaften), insbesondere jedoch wichtige organisatorische Veränderungen zeigten an, daß es im Prozeß der Wiederbewaffnung der SBZ/DDR „kein passives Abwarten" gab[58].

Von besonderer Bedeutung war zweifellos die – „im Prozeß der Konstituierung der Staatsmacht in der DDR" erfolgte – Bildung der „Hauptverwaltung Ausbildung" (HVA), der Vorläuferin des heutigen Ministeriums für Nationale Verteidigung, im Oktober 1949. In einer Publikation Potsdamer Militärhistoriker heißt es über diese Institution, sie habe die Aufgabe gehabt, „aus den Reihen der Werktätigen politisch und fachlich gebildete Kader für den Aufbau des bewaffneten Schutzes der DDR zu entwickeln". Entsprechend dieser hohen sicherheitspolitischen Bedeutung lag die Leitung der HVA „in den Händen bewährter Funktionäre der Arbeiterklasse und ihrer Verbündeten": 80 % ihrer Angehörigen kamen „aus der Arbeiterklasse". Unumstritten war auch der entscheidende Einfluß der SED. Sie übte auf verschiedenen Wegen, u. a. über die Partei- und über die FDJ-Organisation, von Anfang an „einen bestimmenden Einfluß auf die politisch-ideologische Entwicklung" der HVA aus. Nach DDR-Angaben standen ihren Führungskadern sowie den Leitern der VP-Bereitschaf-

---

[55] AsD Bonn, Ostbüro, Ordner 0001-0007: Bericht vom 8.2.1955 („Heimkehreraktion der Vopo"), S. 1.

[56] Wettig, Überlegungen, S. 2.

[57] AsD Bonn, Akten Ostbüro, Ordner 0043 M: Bericht vom 28.11.1950, S. 1; und undatierter Bericht „Generalstabskurs in der SU", S. 1.

[58] Wettig, Überlegungen, S. 3; Nelles, S. 22.

ten und VP-Schulen „auf Ersuchen der SED und der Staatsführung der DDR"
sowjetische Offiziere („Sowjetniks") als Berater zur Seite. Damit lassen sich
am Beispiel der HVA drei Grundprinzipien des Wiederbewaffnungsprozesses
in der SBZ/DDR verdeutlichen: die Besetzung von Schlüsselfunktionen durch
„bewährte Funktionäre der Arbeiterklasse", der bestimmende Einfluß der SED
und die Kontrolle des Vorgangs durch die UdSSR[59].

Der erste Ausbildungsabschnitt in den 39 VP-Bereitschaften und 12 VP-
Schulen wurde gegen Ende des Jahres 1950 abgeschlossen. Nach Überprüfung
und Bewertung der politischen Zuverlässigkeit und der militärischen Einsatzbereitschaft sowie nach einer Vielzahl von Ernennungen und Beförderungen
erfolgte „eine völlige Umgruppierung der Volkspolizei". Die bisherigen VP-
Bereitschaften wurden ausnahmslos aufgelöst. Durch die Zusammenführung
von Teilen verschiedener Einheiten entstanden neue Verbände. Diese VP-
Dienststellen (VPD) glichen weder in ihrer Gliederung noch in ihrer personellen Zusammensetzung den bisherigen Einheiten. Wesentliches Merkmal der
Neuordnung war die Zusammenfassung der verschiedenen Waffengattungen zu
einem gemischten Kampfverband[60]. Er bestand aus vier Kommandos zu je
300 bis 350 Mann, sieben Sonderabteilungen (Aufklärer, Nachrichten, Pionie-
re, Pak, Flak, Granatwerfer und Panzer) von je 60 bis 120 Mann und einer
Transportabteilung. Zeitgenössische Beobachter waren sich einig, daß diese
Gliederung das mechanisierte Regiment der Sowjetarmee zum Vorbild hatte[61].

Dieses Faktum löste in Fachkreisen sogleich wieder Spekulationen über den
Verwendungszweck der neuen Verbände aus, deren Schlagkraft im übrigen als
„zweifellos beachtlich" eingeschätzt wurde. Zwei Möglichkeiten wurden in Be-
tracht gezogen: entweder ein militärischer Einsatz mit den vorhandenen Kräf-
ten „zur Unterstützung von Operationen der Roten Armee, sei es zur direkten
Unterstützung innerhalb russischer Divisionsverbände oder zur Sicherung des
Hinterlandes", oder der weitere Ausbau der Volkspolizei „durch Ausbildung
von neueingestellten Mannschaften im Rahmen der aufgestellten Einheit"[62].
Den Aussagen geflüchteter Volkspolizisten ist zu entnehmen, daß die neuen
VP-Dienststellen nach wie vor in erster Linie als Kader für eine „Demokratische
Volksarmee" von — wie es in einer Quelle heißt — 400 000 Mann gedacht
waren, für die im Jahre 1950 nach Aussagen eines Taktiklehrers an der VP-
Schule Rostock nachstehende Mob-Planungen vorlagen:

---

[59] Zeittafel zur Militärgeschichte der Deutschen Demokratischen Republik 1949
bis 1968, Berlin (Ost) 1969, S. 13.

[60] AsD Bonn, Akten Ostbüro, 0043 M: „Innenpolitische Information Nr. 106 a (geheim)" vom 10.3.1951, S. 1.

[61] AsD Bonn, Akten Ostbüro, 0043 M: Undatierter Bericht, S. 1; „Innenpolitische
Information Nr. 106 a (geheim)" vom 10.3.1951, S. 1; RIAS-Sendung vom 18.8.1951,
S. 4.

[62] AsD Bonn, Akten Ostbüro, 0043 M: „Innenpolitische Information Nr. 106 a
(geheim)" vom 10.3.1951, S. 2.

— der Mob-Plan I für den Fall der Erzwingung des Abzuges der Besatzungstruppen auf politischer Ebene: nach dem Abzug Vorstoß der Gruppen
Thüringen, Brandenburg und Mecklenburg „fächerförmig nach Süd-Westen,
Westen und Nord-Westen (Einsatzstärke 40 bis 45 000 Mann „in Begleitung
von Agitationsgruppen in Zivil");

— der Mob-Plan II für den Fall eines Angriffs aus dem Westen: Halten des
ersten Ansturms auf der Linie Mecklenburger Seenplatte-Harzausläufer-
Thüringer Wald (Einsatzstärke 250 000 Mann); und

— der Mob-Plan III im Falle eines Angriffs der Sowjetunion: Einsatz von
75 000 linientreuen Volksarmisten im Rahmen der Angriffsformationen,
während der Rest im Hinterland „zur Sicherung des Nachschubes u[nd zur]
Bekämpfung von westlichen Partisanengruppen" verbleibt[63].

Das ist insofern eine besonders bemerkenswerte Aussage, als sie zu einem
Zeitpunkt gemacht wurde, da in der Bundesrepublik Deutschland die Innenminister der Länder gerade erst daran gingen, den im Jahre 1950 gefaßten
Beschluß zur Aufstellung von 10 000 Mann Bereitschaftspolizei in die Tat
umzusetzen. Dagegen belief sich der „Rüstungsstand" (Geyer) der DDR schon
auf 70 000 Mann kasernierter Volkspolizei. Mit den rund 30 000 Mann von
Grenz- und Transportpolizei sowie den 5 000 Angehörigen des Wachregiments
des Ministeriums für Staatssicherheit verfügte der deutsche „Arbeiter- und
Bauernstaat" schon fast wieder über ein 100 000-Mann-Heer – ein Faktum,
das die seinerzeit einsetzende westdeutsche Wiederbewaffnungsdebatte in
einem neuen Licht erscheinen läßt[64].

VI.

Im Militarisierungsprozeß der DDR bildet das Jahr 1952 zweifellos eine
wichtige Zäsur. Das gilt nicht für den militärischen Bereich, in dem die Kader-
verbände soweit bereitstanden, daß der Aufbau von Streitkräften in der DDR
nunmehr „ganz offen nach militärischen Erfordernissen" vorangetrieben wurde[65]. Wichtiger waren entsprechende politische Signale: Sie wurden auf dem
IV. Parlament der FDJ in Leipzig im Mai und auf der II. Parteikonferenz der
SED im Juli 1952 gesetzt. Die Funktion des Vorreiters in der nun einsetzenden
gelenkten öffentlichen Diskussion um die Wiederbewaffnung übernahm, wie
auf der 8. Tagung des ZK der SED am 25. Februar 1952 festgelegt, die FDJ,
der staatliche Jugendverband der DDR.

---

[63] AsD Bonn, Akten Ostbüro, 0043 M: Undatierter Bericht „Volkspolizei-Planung
und taktischer Unterricht in dieser Richtung", S. 1 f.

[64] Geyer, S. 13.

[65] Vgl. Kabel, S. 29; und Nelles, S. 22 f.

Mit der Auflage, „eine breite Aufklärungsarbeit unter der Jugend über die große Bedeutung der Volkspolizei als Schützerin der Interessen des Volkes" zu entfalten, war die Jugendorganisation der DDR im ersten Halbjahr 1952 vor widersprüchliche Aufgaben gestellt: Einerseits mußte sie natürlich die gegen die EVG gerichtete deutschlandpolitische Initiative der Sowjetunion unterstützen, andererseits hatte sie „die Aufrüstung der DDR moralisch-politisch unter der Jugend zu propagieren, sie zur Wachsamkeit und Wehrbereitschaft zu erziehen und für die im Aufbau befindlichen bewaffneten Streitkräfte der DDR zu werben". Auf dem IV. Parlament Ende Mai 1952 war es Erich Honecker, damals 1. Vorsitzender der FDJ, der Präsident und Regierung der DDR die Versicherung abgab, daß sie sich „bei der Organisierung des bewaffneten Schutzes unserer Heimat voll und ganz auf die Jugend der Deutschen Demokratischen Republik verlassen" könnten[66].

Unmittelbar nach dem IV. Parlament setzte ein regelrechter „Militarisierungsprozeß" (Lippmann) in der DDR ein, z. B. in Form von Großkampagnen für einen — nicht immer freiwilligen — Eintritt von FDJ-Mitgliedern in die Einheiten der kasernierten Volkspolizei. In der Presse, vor allem in Zeitschriften für die junge Generation, waren öffentliche Erklärungen von FDJlern, auch von weiblichen Mitgliedern, unter der Überschrift „Dienst in der Volkspolizei ist Ehrendienst" oder „Ich will unsere Republik schützen" an der Tagesordnung. Jedem FDJler wurde es zur „patriotischen Pflicht" gemacht, sich „Fachkenntnisse auf dem Gebiet des Schießens, des Segelfluges, des Nachrichtenwesens, des Fallschirmsprungs sowie der Geländekunde und des Geländewesens anzueignen, um seine Bereitschaft zur Verteidigung des Friedens zu erhöhen"[67]. Aufschlußreiche Einblicke in die forciert einsetzende Wehrerziehung der Jugend der DDR vermittelt die „Junge Generation", eine vom Zentralrat der FDJ herausgegebene „Halbmonatsschrift für Fragen der Jugendbewegung", in der ab Mitte Mai 1952 u. a. Artikel, Berichte und Stellungnahmen zu folgenden Themen erschienen[68]:

— „Über den erzieherischen Wert des Flugmodellbaus"
— „Wir bauen eine Schießbahn"
— „ . . . und am Wochenende ein Geländespiel"
— „Wie werde ich Segelflieger"
— „Die Visiereinrichtung und das Zielen"
— „Die Entwicklungsmöglichkeiten der Jugend in der kasernierten Volkspolizei"
— „Wie können unsere Mädchen zur Schaffung einer Volksarmee beitragen"
— „Über die allgemeine Schießtechnik".

---

[66] Lippmann, Heinz: Honecker — Porträt eines Nachfolgers, Köln 1971, S. 138 ff.
[67] Ebd., S. 144.
[68] Vgl. Junge Generation, 6. Jg. (1952), H. 10, S. 17; H. 12, S. 20 f.; H. 13, S. 16 f. und 24; H. 14, S. 14 f.; H. 15, S. 6 f.; H. 16, S. 23; und H. 19, S. 12 f.

Die Werbekampagne, in die sich im Juni 1952 auch der sogenannte Block der demokratischen Parteien einschaltete, erreichte auf der II. Parteikonferenz der SED im Juli ihren Höhepunkt, als die Delegierten nach entsprechender Instruktion durch Walter Ulbricht und Wilhelm Pieck am 12. Juli beschlossen, die „Organisierung bewaffneter Streitkräfte" unter Zuhilfenahme der „neuesten Technik" sei erforderlich[69].

Die bis dahin nicht sonderlich gefestigte Truppe[70] sah sich ausgerechnet im Zeitraum der sowjetischen Notenoffensive zur Verhinderung des westdeutchen Wehrbeitrags im Rahmen der EVG energischen Bemühungen ausgesetzt, ihre Zuverlässigkeit und Kampfkraft zu erhöhen. Dazu gehörten nicht nur die Intensivierung und Organisation der vormilitärischen Erziehung der jungen Generation in einer durch Regierungsbeschluß vom 7. August 1952 gegründeten „Gesellschaft für Sport und Technik" (GST), sondern vor allem Maßnahmen in der KVP selbst: Zu nennen sind hier u.a. die Neugliederung in Form von vier sogenannten „Territorialen Verwaltungen", die Heeresgruppen entsprachen und ihren Sitz in Pasewalk, Schwerin, Dresden und Leipzig hatten; die Einführung einer neuen, olivgrünen Uniform; die Ersetzung der bisher gebräuchlichen Polizeidienstgrade durch militärische Ränge im Oktober 1952 sowie der Abschluß des Aufbaus einer Wehrersatzorganisation bis zum Jahresende 1952[71].

Besonders hervorzuheben ist die Einbeziehung einer weiteren Reihe von bekannten Generalen und Offizieren der ehemaligen Wehrmacht in die KVP. Dieser Vorgang wurde öffentlich durch eine Erklärung Wilhelm Adams, des ehemaligen Adjutanten des Oberbefehlshabers der 6. Armee in den Kämpfen um Stalingrad, auf dem 4. Parteitag der NDPD der DDR im Juni 1952 eingeleitet, in der er seine Bereitschaft zum Ausdruck brachte, „seine Kenntnisse – falls sie gebraucht würden – einer neuen Armee zur Verfügung zu stellen". Ermuntert von Repräsentanten der Roten Armee, traten damals neben Adam u. a. Vincenz Müller, ehem. Generalleutnant und bei seiner Gefangennahme im Jahre 1944 Befehlshaber des XII. Armeekorps an der Ostfront; Dr. Otto Korfes, ehemaliger Generalmajor und Kommandeur der 295. Inf.-Div. in den Kämpfen um Stalingrad; und Arno v. Lenski, ehemaliger Generalmajor und Kommandeur der 24. Pz.-Div. in den Kämpfen um Stalingrad, in die Reihen der KVP ein[72].

Die Einbeziehung erfahrener Militärs der ehemaligen Wehrmacht schützte die KVP zwar nicht vor Rückschlägen, wie sie im Zusammenhang mit den Ereignissen des 17. Juni 1953 beobachtet worden sind[73]. Eine entscheidende

---

[69] So eine Formulierung aus dem Referat Wilhelm Piecks: Protokoll der Verhandlungen der II. Parteikonferenz der SED, Berlin (Ost) 1952, S. 216; vgl. dazu Nelles, S. 23 f.

[70] Vgl. Wettig, Überlegungen, S. 23 f.

[71] Bohn, S. 103 f.; Kabel, S. 29; Forster, S. 24 f.

[72] Vgl. Fischer, Anmerkungen, S. 236.

[73] Forster, S. 25.

Beeinträchtigung des Auf- und Ausbaus der KVP hat der Juni-Aufstand jedoch nicht bewirkt. Organisatorische Veränderungen, wie sie in der Verlegung des Oberkommandos der KVP von Ost-Berlin nach Strausberg bei Berlin im Sommer 1955 zum Ausdruck kamen[74], deuten eher darauf hin, daß zu diesem Zeitpunkt der Aufbau der Streitkräfte der DDR im wesentlichen als abgeschlossen betrachtet wurde. Ihre Verselbständigung von der Volkspolizei und ihre Umbenennung in „Nationale Volksarmee der DDR" war nur noch eine Frage der Zeit, setzte jedoch sowjetischerseits eine Korrektur der Deutschlandpolitik sowie die Einrichtung eines überregionalen militärischen Kontrollorgans voraus. Die Korrektur ist erst nach der Genfer Gipfelkonferenz vom Sommer 1955 vollzogen worden, als Moskau seine bis dahin gesamtdeutsch orientierte Deutschlandpolitik aufgab und sich mit der „Zwei-Staaten-Theorie" an die Gegebenheiten anpaßte. Im organisatorischen Bereich wurde im Laufe des Jahres 1955 mit der Vertragsorganisation des Warschauer Paktes eine Institution geschaffen, in der die sowjetische Führungsmacht das politische und militärische Verhalten der anderen Mitgliedstaaten koordinieren und kontrollieren konnte. Die Verabschiedung des „Gesetzes über die Schaffung der Nationalen Volksarmee und des Ministeriums für Nationale Verteidigung" im Januar 1956 war damit nur noch „eine formelle Bestätigung eines schon längst bestehenden Zustandes"[75].

---

[74] Bohn, S. 104.
[75] Kabel, S. 30; Bohn, S. 105.

Georg Meyer

INNENPOLITISCHE VORAUSSETZUNGEN
DER WESTDEUTSCHEN WIEDERBEWAFFNUNG

Wenn ich mich einem gestellten Thema gegenübersehe, neige ich sogleich zu interpretatorischen und semantischen Zweifeln. Diese müssen bei der Überschrift „Innenpolitische Voraussetzungen der westdeutschen Wiederbewaffnung" noch nicht einmal an den Haaren herbeigezogen werden. Der Begriff „westdeutsch" ist dabei – wenn man ihn gehörig auf das Staatsgebiet der Bundesrepublik Deutschland ausweitet und begrenzt – geographisch und geopolitisch gewiß am wenigsten streitig. „Wiederbewaffnung" – dieser Terminus erscheint mir dagegen sehr bedenklich. Nur Deutschland – gemeint sind alle vier Besatzungszonen – konnte wiederbewaffnet werden, nicht aber die Bundesrepublik Deutschland, diese Addition der drei westlichen Besatzungszonen. Entsprechend wäre es nicht zutreffend, von einer „Wiederbewaffnung" der sowjetischen Besatzungszone oder der DDR zu reden. Für den komplizierten und langwierigen Vorgang im Westen müssen umständlichere Vokabeln gewählt werden werden anstatt damals oft benutzter, fälschlich eine Kontinuität vortäuschender Bezeichnungen wie „Wiederbewaffnung" oder, noch unrichtiger, das politische Kampfwort „Remilitarisierung". Es ging um einen Beitrag der ganz waffenlosen und der Wehrhoheit ja ermangelnden Bundesrepublik Deutschland zur gemeinsamen Verteidigung Westeuropas, der von vornherein – jedenfalls aus deutscher Sicht – umfassender gedacht war als die Aufstellung und die Eingliederung militärischer Verbände, gleich welcher Größenordnung, in ein zu schaffendes neuartiges Verteidigungsinstrument. Die politische Einbeziehung des nicht zuletzt auf Initiative der Sieger, die langsam zu Schutzmächten geworden waren (und es lange blieben), zustande gekommenen Staatswesens in die westliche Allianz ist gewiß der umfassendere Vorgang, die Aufstellung deutscher militärischer Verbände im Rahmen dieses Verteidigungsbündnisses sowohl Bedingung als auch Konsequenz. „Voraussetzungen" – dieses Wort möchte ich am liebsten durch „Hemmnisse" ersetzen. Diese Wortwahl wird zu begründen sein. Am undeutlichsten erscheint schließlich das Wort „Innenpolitik". Was heißt Innenpolitik nach dem 8. Mai 1945 in Deutschland? Alles, was hier in den ersten Nachkriegsjahren innenpolitisch geschah, war ohne den außenpolitischen Bedingungsrahmen nicht zu denken. In der Frage der Sicherheit Westdeutschlands, das in seiner Vorfeldsituation von der Sicherheit Westeuropas nicht zu trennen war, verklammerten sich innenpolitische mit außenpolitischen Entwicklungen. Deswegen sind die Grenzen zwischen Innen- und Außenpolitik schon in der Zeit der Besatzungs- herrschaft schwer zu bestimmen, und auch in den ersten Jahren der Bundes- republik Deutschland nicht eindeutig festzulegen, der Zeit der relativen Souve- ränität, die Anfang Mai 1955 endete, beinahe auf den Tag genau zehn Jahre nach der bedingungslosen Kapitulation der Wehrmacht, mit dem Inkrafttreten der Pariser Verträge und der Aufnahme der Bundesrepublik Deutschland in die NATO.

Unter Inkaufnahme des hier nicht eindeutigen Begriffes „Innenpolitik" beabsichtige ich im folgenden einige Bemerkungen zum Thema

„Einige innenpolitische Hemmnisse auf dem Wege zu einem Verteidigungsbei- trag der Bundesrepublik Deutschland".

„Einige" deswegen, weil ich mir nicht sicher bin, wirklich alle Hemmnisse vor Augen bekommen zu haben — und die noch in der richtigen Wertigkeit.

Nach dem begrifflichen Rahmen wäre entsprechend nach der zeitlichen Begrenzung zu fragen. Hier erscheint der Anfang des Jahres 1951 als geeignete Markierung. Mit dem Beginn der Verhandlungen auf dem Petersberg am 9. Ja- nuar und, am 15. Februar, der Konferenz über den Pleven-Plan in Paris, außen- politischen Daten notabene, wird fortan seitens der künftigen Bündnispartner nicht mehr über Deutschland verfügt, sondern in dieser besonders heiklen Frage mit verantwortlichen deutschen Verhandlungspartnern nach einer einvernehm- lichen Lösung gesucht. Nicht, daß mit einem Schlage die innenpolitischen Hemmnisse aus dem Wege geräumt waren. Sie blieben lange genug ein erheblich begrenzender und sorgsam zu berücksichtigender Faktor. Die innenpolitische Auseinandersetzung beispielsweise um diesen Verteidigungsbeitrag hielt lange an, mit verschiedensten tiefgehenden und wertvollen Argumenten moralischer, politischer, rechtlicher, auch psychologischer Natur genährt. Aber die außen- politischen Entwicklungen, Tendenzen und Festlegungen, gleichsam in Wellen- bewegungen auf das Kapitel Innenpolitik einwirkend, gaben letztlich den Aus- schlag. Als es an den Verhandlungstischen, in den verschiedenen Ausschüssen in Paris längst um das „Wie" eines westdeutschen Verteidigungsbeitrages ging, stand das „Ob" in der öffentlichen Debatte in der Bundesrepublik Deutsch- land noch lange im Vordergrund. Aber die Argumente pro und kontra waren nun einmal seit den ersten Nachkriegsjahren fixiert und wurden im Grunde seit Verhandlungsbeginn bis Vertragsschluß und in den Jahren danach eigentlich nur noch variiert.

Ausgangspunkt aller innenpolitischen Hemmnisse, die auf dem Wege zu einem westdeutschen Verteidigungsbeitrag dann später zu überwinden waren, ist ohne Zweifel die vollständige, von den drei westlichen Alliierten einiger- maßen einträchtig, wenn auch mit unterschiedlichen Absichten, vorgenommene

Entmilitarisierung, in der modernen Geschichte nach dem Urteil von Gerhard Wettig ein Novum[1]. Die Sieger hatten zwar über ihren Sieg hinaus gedacht und geplant, waren aber doch schon im stillen darüber uneins, wie ihr nicht zu bezweifelnder Wille — so Wettig —, „Deutschland auf Dauer militärisch auszuschalten", praktisch verwirklicht werden könnte. Da schnitten sich, in unterschiedlicher Bedeutung, nicht nur voneinander abweichende, aus der politischen Geographie herrührende, amerikanische, britische und französische Vorstellungen, sondern da gerieten auch ideologische, politische Auffassungen verschiedener Administrationen unterschiedlicher politischer Färbung in den demokratisch verfaßten Siegerländern mit militärischem Zweckdenken ins Gehege — binnen kurzem entstand ein Rattenkönig von Problemen, der hier gewiß nicht aufgelöst werden kann.

Bei manchen voneinander abweichenden Vorstellungen der westlichen Siegermächte über Deutschland galten ihnen aber doch die Dioskuren Nationalsozialismus und Militarismus als typisch deutsche Abartigkeiten und die Wurzeln allen Übels, die sie nun für alle Zeiten ausroden wollten, hatten sie doch, wie sie wohl meinten, 1919 in Versailles nur an den Symptomen kuriert. Deswegen fielen ihre Vorstellungen von Entmilitarisierung so weitgehend aus, daß darunter eben nicht nur die Demobilisierung der Streitkräfte verstanden werden kann, eine vergleichsweise einfache verwaltungsmäßige Angelegenheit, sondern die Austilgung jeden militärischen Potentials, sei es auf wirtschaftlich-industriellem, sei es auf geistig-ideologischem Gebiet, wo immer man militaristische Krankheitszeichen vermutete.

Eine Vielzahl gesetzlicher Regelungen und die mehr oder minder konsequente und folgenschwere Durchführung von vor Kriegsende miteinander, aber nicht einträchtig, beschlossener Vorhaben der Besatzungsmächte, freilich nicht in einem gemeinsamen Plan niedergelegt, ist daher unter dem Begriff Entmilitarisierung zusammenzufassen. Im Zeichen weitgehender Entmilitarisierungsmaßnahmen begannen die „Jahre der Okkupation", in denen die Deutschen „Draußen vor der Tür" standen, um — methodisch nicht ganz einwandfrei — die damalige Situation mit dem Titel von Ernst Jüngers Tagebuch jener Zeit und dem vielbeachteten Schauspiel Wolfgang Borcherts zu kennzeichnen. Den positiven Aspekt dieser Zeit hat Roland Foerster in der Formulierung „Von der Okkupation zur graduellen Kooperation" gefunden.

---

[1] Vgl. Meyer, Georg: Die Entmilitarisierung in der amerikanischen, britischen und französischen Besatzungszone sowie in der Bundesrepublik Deutschland von 1945 bis 1950, in: Entmilitarisierung und Aufrüstung in Mitteleuropa 1945-1956. Hrsg. vom Militärgeschichtlichen Forschungsamt, Herford/Bonn 1983, S. 11-36. Das Zitat von Wettig hier S. 12. Auf die Nachweisung weiterer Belege wird verzichtet, weil Vf. hier weitgehend seinen damaligen Ausführungen in gekürzter Form folgt. — Eine durchges. und geringfügig erg. Fassung dieses Aufsatzes u. d. T.: Die Entmilitarisierung in den westlichen Besatzungszonen und nach Gründung der Bundesrepublik Deutschland von 1945 bis 1950, in: 30 Jahre Bundeswehr 1955-1985. Friedenssicherung im Bündnis. Im Auftrag des Bundesministeriums der Verteidigung zur Wanderausstellung hrsg. vom Militärgeschichtlichen Forschungsamt. Mainz 1985, S. 207-232.

Zum weiten Begriff der Entmilitarisierung zählen neben der vollständigen Demobilisierung der deutschen Streitkräfte die Kriegsverbrecherprozesse, eingeleitet durch den von den vier Siegermächten noch gemeinsam veranstalteten „Hauptkriegsverbrecherprozeß" vor dem Internationalen Militärtribunal in Nürnberg 1945/46. Die Entnazifizierung hat unter diesem Dach ihren Platz, ebenso die Demontage von Industrieanlagen und das, was zuerst Re-Education, später Re-Orientation genannt worden ist. Nur in der Addition aller dieser Vorgänge läßt sich von der den westlichen Besatzungszonen ab 1945 auferlegten, ebenso neuartigen wie einmaligen und gänzlichen Entmilitarisierung bis zur letzten Vogelflinte ein Bild gewinnen.

Die westlichen Alliierten hielten zudem an ihrer Entmilitarisierungspolitik lange und strikt fest. Das Verhältnis der teilsouveränen Bundesrepublik Deutschland zu den Besatzungsmächten war in dem seit September 1949 in Kraft befindlichen Besatzungsstatut geregelt. „In order to ensure the accomplishment of the basic purposes of the occupation", hieß es in Ziffer 2 des Statuts unmißverständlich, behielten sich die Besatzungsbehörden als ersten Punkt ausdrücklich „disarmament and demilitarisation, including related fields of scientific research, prohibitions and restrictions on industry, and civil aviation" vor.

Das war in Washington im Frühjahr 1949 auf der Deutschlandkonferenz der drei Westmächte so beschlossen und verkündet worden; aber entsprach es schon damals noch der politischen Wirklichkeit? Immerhin war es dahin gekommen, daß namentlich die Amerikaner, die so deutlich auf ihr Vorbehaltsrechts „Entwaffnung und Entmilitarisierung" pochten, seit 1947/48 zugleich auch in unterschiedlicher Intensität einen westdeutschen Beitrag zur Verteidigung Westeuropas einkalkulierten, zuerst, ohne die Betroffenen davon in Kenntnis zu setzen, später mit erbetenem und unerbetenem deutschen Rat.

Dadurch wird natürlich gleich der Verdacht wach, die westlichen Sieger hätten es mit der Entmilitarisierung so wenig ernst genommen wie die Sowjetunion. Das wäre nun eine ganz falsche Annahme. Die Entmilitarisierung, wesentliches Element der westlichen Besatzungspolitik, war in ihrem Ergebnis total und ist konsequent betrieben worden.

Es gab nichts, was ihr zuwidergelaufen wäre. Die Zehntausende deutscher Soldaten, die als Gefangene zum Teil schon vor Kriegsende, erst recht danach, von den Siegern zu Hilfsdiensten verpflichtet wurden als Fahrer, Mechaniker, Troßknechte, können schwerlich als von den Westmächten bewußt arrangierter Verstoß gegen die von ihnen gewollte Entmilitarisierung angesehen werden, so wenig wie die später daraus entstehenden Dienstgruppen oder die in alliiertem Auftrag fahrenden Minenräumer. Struktur und Zusammensetzung dieser in sich und nach Aufgabenstellung ganz heterogenen Einrichtungen, denen ja keineswegs nur Deutsche angehörten, sondern auch viele „Displaced Persons", namentlich aus Osteuropa, waren nie so beschaffen, daß ernsthaft ein Vergleich zur „Schwarzen Reichswehr", zu Zeitfreiwilligen, zu paramilitärischen Verbänden überhaupt zulässig wäre. Die überaus vielgestaltigen, bald unentbehrlichen Dienstgruppen bei den alliierten Besatzungstruppen waren allenfalls – und das in begrenztem Umfang – als Personalreservoir, niemals aber als Nukleus eines westdeutschen Verteidigungsbeitrages anzusehen, was auch immer an Denkschriften, Mutmaßungen usw. hierzu gefabelt worden ist, und was einige in den Dienstgruppen verwendete ehemals hochrangige Offiziere, die hier allenfalls subalterne Verantwortung trugen, vielleicht auch Weitergehendes gedacht haben mögen, um möglicherweise so ihr beschädigtes Selbstwertgefühl zu reparieren.

Was für die unter strenger Aufsicht der Besatzungsmächte stehenden Dienstgruppen gilt, daß ihre Existenz sachlich und formal den Entmilitarisierungsvorstellungen der westlichen Sieger nicht widersprach, gilt mutatis mutandis auch für die „Operational History (German) Section" und die „Organisation Gehlen". Leisteten die Dienstgruppen den jeweiligen Besatzungstruppen praktische Hilfe, so kann hier von „support- and supply"-Aufgaben im übertragenen Sinne die Rede sein. Daß die Arbeit beider Institutionen ebenfalls unter strenger Kontrolle der Auftraggeber geleistet worden ist, einer Kontrolle, die ein Eigenleben, eine Verselbständigung, ein Abweichen vom Auftrag praktisch unmöglich machte, bedarf kaum der Erwähnung. Weder bei der „Historical Division" noch bei der „Organisation Gehlen" ist je der Versuch unternommen worden, die Entmilitarisierung zu unterlaufen – angesichts der Abhängigkeit und der realen Machtverhältnisse auch eine absurde Vorstellung.

Am Ende der Demobilisierung, wie sie mit dem auch als „Potsdamer Abkommen" bezeichneten Protokoll vom 2. August 1945 als zunächst gemeinsamer Geschäftsgrundlage der „Großen Drei", dann mit Kontrollratsproklamation Nr. 2 vom 20. September sowie den Kontrollratsgesetzen Nr. 8 vom 30. November 1945 (Ausschaltung und Verbot der militärischen Ausbildung), Nr. 23 vom 10. April (Verbot militärischer Bauten), Nr. 25 vom 29. April (Gesetz zur Regelung und Überwachung der wissenschaftlichen Forschung), schließlich Nr. 34 vom 20. August 1946 und einer Vielzahl anderer Regelungen mit Gesetzeskraft durchgeführt worden ist, gab es jedenfalls in den westlichen Besatzungszonen keine Restbestände der Wehrmacht, keine deutschen militärischen oder militärähnlichen Formationen mehr, außer Einzelpersonen in demontierten Uniformen hinter Stacheldraht und Gittern.

Die lange Kriegsgefangenschaft, auch die Internierung von Generälen und Generalstabsoffizieren in britischem und amerikanischem Gewahrsam, zum Teil länger auf deutschem Boden, andauernd bis 1947/48, sodann die Kriegsverbrecherprozesse, die Entnazifizierung und die weitgehenden Demontagen waren weitere deutliche Kennzeichen der Ernsthaftigkeit des westlichen Vorgehens gegen die von ihnen eroberten und besetzten Teile Deutschlands, auch wenn hier und da erste Differenzierungen ans Licht traten.

Daß die mit deutscher Gründlichkeit unter alliierter Aufsicht durchgeführte Entnazifizierung viel mit der Entmilitarisierung zu tun hatte, wird schon aus dem Namen des eigens dazu geschaffenen Gesetzeswerkes deutlich: „Gesetz zur Befreiung von Nationalsozialismus und Militarismus" vom 5. März 1946. Wenn viele Betroffene sich gegen den Formelkram und manche absurde Auswirkungen dieses „Befreiungsgesetzes", wie es rasch geschäftsmäßig abgekürzt und irreführend hieß, noch mit List, gelegentlich auch mit Tücke zur Wehr setzen konnten, so war gegen andere Maßnahmen der Sieger wie die Reparationen und Demontagen lange nur wirkungsloser Protest möglich, denn der „innenpolitische" Spielraum auf deutscher Seite war äußerst eng. Wiederum verschieden begründet, aber jedenfalls eine gewisse Zeit gemeinsam, dann unterschiedlich konsequent durchgeführt, sollte die deutsche industrielle und wirtschaftliche Rüstungskapazität im weitesten Sinne ein für alle Male demontiert, ihre herausragenden Repräsentanten obendrein bestraft werden, auch wenn auf diesem Sektor andere Motive mitgespielt haben mögen, etwa die Ausschaltung potentieller Konkurrenten.

Die Politik der westlichen Besatzungsmächte Deutschland gegenüber läßt sich nun nicht auf die Entmilitarisierungsmaßnahmen verkürzen. Diese waren Mittel zum wiederholt erklärten Zweck, Deutschland ein für alle Male als möglichen Störfaktor auszuschalten. Ihres Strafcharakters und mancher negativer Begleiterscheinungen wegen sind sie begreiflicherweise im Gedächtnis der bald in jeder Hinsicht entmilitarisierten und entnazifizierten Deutschen in den westlichen Besatzungszonen besonders haften geblieben. Nicht zuletzt nach dem Bruch der Allianz der Sieger eröffnete sich trotz der rigorosen Entmilitarisierung die Möglichkeit zu einer positiven Entwicklung des Verhältnisses zwischen Siegern und Besiegten. Die Amerikaner, schreibt John Gimbel über deren Maximen zur Behandlung Deutschlands,

„wollten Deutschland und die Deutschen nicht nur entnazifizieren, entmilitarisieren, entflechten, demokratisieren und reorientieren, sie waren auch im Interesse der Wahrung ihrer eigenen Sicherheit darauf bedacht, Deutschland und Europa wieder wirtschaftlich gesunden zu lassen und den Bestand des freien Unternehmertums zu gewährleisten. Sie wollten den Sozialismus verhindern, dem Kommunismus zuvorkommen, das Geld des amerikanischen Steuerzahlers sparen, französische Pläne zur Zerstückelung Deutschlands vereiteln und die Sowjetunion in Mitteleuropa in Schranken halten".

Bei so weit gespannten (und im wesentlichen auch erreichten) Zielen, die in dieser Geschlossenheit freilich nicht von Anfang an in der amerikanischen Besatzungspolitik zu erkennen waren, wird auch zwingend der transitorische Charakter der Entmilitarisierung deutlich. Die Demobilisierung der Streitkräfte und die Demontage von zahlreichen größeren und kleineren industriellen Fertigungsanlagen waren keine auf Zusammenarbeit mit den Betroffenen angelegten Veranstaltungen. Sie vollzogen sich, ähnlich wie die Entmilitarisierung, mit den Mitteln des Rechts — Kriegsverbrecherprozesse, Spruchkammerverfahren —, im wesentlichen nach dem alten Prinzip „vae victis". Die beflissenen, freiwillig oder weniger freiwillig dabei tätigen und eingeschalteten deutschen Helfer können dabei außer Betracht bleiben. Auf dem Gebiet allerdings, das mit den Stichworten „Re-Education" und „Re-Orientation" bezeichnet ist (wobei die Vorsilbe „Re" sehr viele Fragen weckt, mindestens nach dem Ziel solcher Erziehung und Orientierung), war ohne das Zusammenwirken von Siegern und Besiegten, ja ohne wechselseitiges zustandekommendes Vertrauen kein Erfolg zu erwarten. Wenn überhaupt, so ließen die Sieger hier „Resozialisierungsvorstellungen" erkennen, bei zunächst deutlichen Anzeichen einer intellektuellen und moralischen Bevormundung. Dennoch ist hier nun der gute, ja der beste Wille aller Beteiligten nicht zu verkennen. Was bei der Wiedereinrichtung des Schulwesens, der Universitäten, der Erwachsenenbildung, bei der Wiederbelebung aller Zweige der Kultur tatsächlich geleistet worden ist und Frucht getragen hat bis heute, läßt über manche Kuriosität, auch manche Fehlentwicklung hierbei hinwegsehen. Hier kam es, trotz administrativer Ankurbelung, die der Welt des Geistes und der Kultur ja eigentlich fremd ist, zu einem wirklichen Austausch, zu einer bemerkenswerten Rückintegration der deutschen Kultur in die geistige Vielfalt des Abendlandes. Auf kulturellem Gebiet, erst recht bei der Bewältigung der vielfältigen unmittelbaren Probleme der Lebenssicherung, bei der Ingangsetzung des Verkehrs, der Post, der industriellen und handwerklichen Produktion, bei der Wiedereinrichtung der Rechtspflege und des politischen Lebens — wenn auch zuerst als Demokratie „von oben" — auf der Ebene von Gemeinden, Kommunen, Ländern liegen die Ansätze, durch die sich die vorgefaßten Ansichten der Militärregierungen im Laufe der Jahre ohne Zweifel wandelten. Hier konnten die Besiegten Initiative entfalten und zeigen, daß die pauschale Verurteilung Deutschlands als des Volkes von Nationalsozialisten und Militaristen unrichtig war. Die Sicherheitsfrage lag beim Aufbau und der Einrichtung des neuen Staatswesens fürs erste am Rande, kein Wunder angesichts der vorrangigen Aufgaben, nach den unvorstellbaren Verwüstungen durch die nationalsozialistische Herrschaft und den Krieg einen sozialen Ausgleich herbeizuführen, etwa die Millionen Flüchtlinge und Kriegsopfer in menschenwürdiger Weise einzugliedern, eine Wirtschaftsordnung einzurichten, die der Initiative des Einzelnen so viel Raum ließ, daß damit unbedingt das Ganze, der Wiederaufbau und die Rückgewinnung der Wirtschaftskraft, entschieden gefördert wurde. Alles, was so der inneren Festigung des lange sich als Provisorium empfindenden Staates diente, machte ihn übrigens auf Dauer auch verteidigenswert, freilich nicht auf sich allein gestellt, sondern an der Seite des Westens, wie es die feste Überzeugung Konrad Adenauers war. Daß gleichzeitig mit dem Wiederaufbau, der in vieler Hinsicht ein umfassender Neubau und Neuanfang war, die Sicherheitsfrage durch äußere Einflüsse virulent wurde und die äußere

Funktion Westdeutschlands so deutlich ins Blickfeld trat, verlieh der inneren
Entwicklung der Bundesrepublik Deutschland eine eigene Dynamik.

Wenn nicht zuletzt unter dem Eindruck der Konfrontation der Großmächte
die staatliche Verselbständigung der westlichen Besatzungszonen – keineswegs
immer in Eintracht mit den Siegern – seit 1948 (Stichwort: Währungsreform,
Berliner Blockade, Konstituierung des Parlamentarischen Rates im Herbst)
vorangekommen war, von lebhaften öffentlichen Auseinandersetzungen begleitet, die zwar einen breiten demokratischen, freiheitlichen Konsens erkennen
ließen, bei schweren Sorgen über den wohl für längere Zeit unausweichlichen
Verlust der staatlichen Einheit Deutschlands, so gingen die ersten Sondierungen über einen möglichen westdeutschen Verteidigungsbeitrag 1950/51
unter besonderen, gerade aus der Entmilitarisierungspolitik der Westmächte
herrührenden Belastungen vonstatten. Der Einsicht in die Notwendigkeit, daß
es wohl bald wieder deutsche Soldaten geben würde, verschlossen sich viele.
Die Öffentlichkeit nahm an dieser heiklen Frage leidenschaftlichen Anteil
(wenn diese Floskel für das vorherrschende „Ohne mich“ und „Nie wieder“ in
allen Tonarten und -höhen ausreicht), so wenig zunächst auch über den sach-
lichen Gehalt der Gespräche bekannt wurde. Die „Verworrenheit und Fülle
der Widersprüche“ (Franz Josef Schöningh) bei der heftigen Debatte um den
westdeutschen Verteidigungsbeitrag, derer sich freilich Adenauer im vollen
Umfang bewußt war, bewirkte, daß letztlich der Anstoß dazu nicht von deutscher Seite kommen durfte, sondern nur im Mantel der alliierten Sicherheitsgarantie. Somit verwoben sich im Streben nach Sicherheit unauflöslich innen-
und außenpolitische Ziele Adenauers. Er nahm bei der schwierigen Verwirklichung in Kauf, daß sich die Schritte zu einem westdeutschen Verteidigungsbeitrag nicht in einem sicherheitspolitischen Konsens vollzogen, sieht man vom
Gefühl der Bedrohung als Katalysator einmal ab. Die Waffenlosigkeit des neuen
Staatswesens ist in Westdeutschland weithin durchaus als Gnade und Vorzug
empfunden worden. Worte, wie sie der damalige Bundesinnenminister Heinemann in seiner Auseinandersetzung mit dem Bundeskanzler im Herbst 1950
fand, drückten keineswegs die Ansicht eines Einzelgängers aus:

„Aufgrund der bedingungslosen Kapitulation obliegt den Alliierten die Verpflichtung, für unsere Sicherheit gegen Angriffe von außen zu sorgen. Zu dieser
Pflicht müssen wir die Alliierten in aller Deutlichkeit aufrufen. Jeder Schritt
der Bundesregierung in dieser Richtung findet meine volle Zustimmung. Nachdem es eines der vornehmsten Kriegsziele der Alliierten gewesen ist, uns zu entwaffnen und auch für die Zukunft waffenlos zu halten, nachdem die Alliierten
in fünfjähriger Besatzungszeit alles darauf angelegt haben, das deutsche Militär
verächtlich zu machen, unsere Wehrmöglichkeiten unter Einschluß sogar von
Luftschutzbunkern zu zerstören und das deutsche Volk zu einer jedem Militärwesen abholden Geisteshaltung zu erziehen, ist es nicht an uns, irgendeine deutsche Beteiligung an militärischen Maßnahmen nachzusuchen oder auch nur
anzubieten. Dies muß zudem eine geistige Verwirrung hervorrufen, die unsere
junge Demokratie gegenwärtig in höchstem Maße gefährdet.“

Diese Worte Heinemanns bezeichnen treffend die überaus schwierigen politischen, rechtlichen und psychologischen Zustände des Jahres 1950. Die Entmilitarisierung Westdeutschlands hatte sich vor dem Hintergrund der zerbrochenen Koalition der Sieger von 1945 vollzogen, die mittlerweile, gerade auch auf deutschem Boden, in den „Kalten Krieg" verwickelt waren. In Europa kam es bei der unmittelbaren Konfrontation der antagonistischen Systeme zu schweren Krisen, die über lange Zeit — neben gleichzeitig anhaltender „lähmender Abneigung"[2] gegen einen westdeutschen Verteidigungsbeitrag — ein starkes Gefühl des Bedrohtseins durch die sowjetische konventionelle Übermacht wachhielten, von dem die politische Entwicklung wesentliche Impulse erhielt. Der Ausbruch des Krieges in Korea gab amerikanischen militärischen Argumenten für einen westdeutschen Verteidigungsbeitrag zunehmendes Gewicht, die bislang hinter den schwerwiegenden Gründen zurückgestanden hatten, die gegen eine Beteiligung deutscher Soldaten an einer wie auch immer gearteten gemeinsamen Verteidigung Westeuropas sprachen — noch lange sprachen. Die deutsche Seite hatte auf dem Wege zu einem westdeutschen Verteidigungsbeitrag mit erheblichen Belastungen fertig zu werden, nicht zuletzt mit dem Problem der Verstrickung des Militärs in die nationalsozialistische Schreckensherrschaft, das die Siegermächte zu so weitgehender Entmilitarisierung, ja auch Demütigung der Geschlagenen veranlaßt hatte. Die Diffamierung der Besiegten, wie sie sich in mancherlei Maßnahmen der Sieger ausdrückte, und wie sie namentlich die Vielzahl der ehemaligen Soldaten und ihrer Angehörigen bitter empfand, war aufzuheben, bevor auf der Basis der Gleichberechtigung Wege zum gemeinsamen Ziel gesucht werden konnten. Mit diesem schon in der „Himmeroder Denkschrift" niedergelegten Grundsatz der Gleichberechtigung vertraten die deutschen Verhandlungspartner zuerst auf dem Petersberg, dann in Paris einen hohen Anspruch. Denn eigentlich hatten sie keinen wirklichen Trumpf in der Hand. Die Verwirklichung der Absicht, unter mancherlei Kautelen deutsche militärische Verbände in ein gemeinsames Verteidigungsinstrument einzubringen, hing ja gerade ganz von den Siegern ab. Nur zwei, vielleicht aber entscheidende, Vorteile konnte sich diese „Politik der leeren Hand" zunutze machen. Vor allem den Amerikanern war ja viel an deutschen Soldaten als stabilisierender Faktor in der westlichen Verteidigungsfront gelegen. Das auf westlicher Seite dafür noch verfügbare Potential — so eines der deutschen ausgesprochenen und unausgesprochenen Argumente — stünde nur zur Verfügung, wenn die Sieger sich bereitfanden, demütigende Begleiterscheinungen der Entmilitarisierung zu korrigieren, denn zweitklassige Soldaten, Hiwis, seien doch kein ernstzunehmender Faktor im angestrebten Bündnis. Deswegen

---

2 Vgl. Foerster, Roland G.: Innenpolitische Aspekte der Sicherheit Westdeutschlands (1947-1950), in: Anfänge westdeutscher Sicherheitspolitik 1945-1956, Bd. 1: Von der Kapitulation bis zum Pleven-Plan. Hrsg. vom Militärgeschichtlichen Forschungsamt, München/Wien 1982, S. 403-575. Vf. folgt den Darlegungen und Belegen Foersters, bes. dessen Seiten 422, 427 f., 429, 439, 442, 444, 446, 449 f., 456, 475, 477, 482 ff., 514 f., 517 ff., 522, 526, 539, 541 ff., 550, 551 ff., 573 f.

ist ernsthaft neben den Verhandlungen nach Wegen gesucht worden, um die Frage der wegen vermeintlicher und tatsächlicher Kriegsverbrechen Verurteilten, die ihre Strafen in Landsberg, Werl und Wittlich, auch im Ausland, verbüßten, einvernehmlich zu lösen. Um einem verbreiteten Irrtum zu begegnen: Es ging hierbei nicht um pauschale Begnadigungen von Galgenvögeln und Verbrechern, sondern um die Korrektur nachweislicher Justizirrtümer, wie sie vorgekommen sind, um Gnade in Fällen geringerer Schuld und um die nachträgliche Berücksichtigung entlastender Gesichtspunkte, die von alliierten Gerichten nicht immer hinreichend gewürdigt worden waren: also um gewissenhafte Nachprüfungen im Einzelfall.

Im weiteren Zusammenhang mit der gemeinsamen, schwierigen Bewältigung dieses Problems konnte dann Eisenhower am 22. Januar 1951 bewogen werden, seine Ehrenerklärung für die deutschen Soldaten abzugeben, die auch den Alliierten den Weg zu einer Zusammenarbeit bereitete. Wenn diese Erklärung auch als unbefriedigend empfunden worden ist, so ist sie doch der Ausdruck eines erstaunlichen Sinneswandels seit dem 7./8. Mai 1945 und der der bedingungslosen Kapitulation der Wehrmacht folgenden Entmilitarisierung.

Zum anderen konnte die deutsche Seite nur bei „buchstabengenauer Erfüllung" (Foerster) nicht nur des Besatzungsstatuts, sondern auch aller einschneidenden Entmilitarisierungsauflagen Vertrauen für die Stetigkeit und Zuverlässigkeit ihrer Politik erwerben. Das war ein erstaunlicher Wandel gegenüber den Zuständen nach dem Versailler Vertrag, denn damals galt es gleichsam als vaterländische Pflicht, den Vertrag stillschweigend zu umgehen, wenn nicht wiederholt zu brechen.

Zu solchen psychologisch-atmosphärischen Erfordernissen traten aus der Verfassungsgeschichte der Bundesrepublik Deutschland herrührende gewichtige Hindernisse. In gewisser Weise haben die westlichen Sieger, denen bald in einer nahezu explosiv veränderten Weltlage ersichtlich viel an einem westdeutschen Verteidigungsbeitrag lag, gemeinsam mit den Verfassungsvätern diese Hindernisse geschaffen, die dann zu einem späteren Zeitpunkt, bei der Verwirklichung dieses Verteidigungsbeitrages, unter zum Teil beträchtlichen Anstrengungen überbrückt werden mußten. Diese nur im nachhinein verblüffende Situation entstand nicht zuletzt deswegen, weil unter den Auspizien der Besatzungsherrschaft auch in alliierten Vorstellungen Sicherheit vor Deutschland zunächst einmal Vorrang hatte vor Sicherheit für Deutschland, und ja an alles andere zuerst zu denken war, als ausgerechnet an Kompetenzen in militärischen Dingen für die im Entstehen begriffene Bundesrepublik Deutschland. Die „Frankfurter Dokumente" (Juli 1948), mit denen die drei westlichen Besatzungsmächte die Regierungschefs der Länder zur Einberufung einer Konstituante ermächtigten, schweigen hinsichtlich der Sicherheitsfrage. Der Verfassungskonvent von Herrenchiemsee (August 1948) vermied in seinem Bericht eine Ziffer „Wehrverfassung oder Wehrfragen". In dieser Kontinuität − und unter Berücksichtigung umfassender alliierter Vorbehaltsrechte – ist es selbstverständlich, daß im Grundgesetz weder eine Festlegung zugunsten noch gegen die Einrichtung von Streitkräften getroffen worden ist. Gleichwohl ist dem Parlamentarischen Rat die gesamte Problematik durchaus bewußt gewesen, wie aus der gewichtigen Bemerkung des Abgeordneten Dr. Walter Strauß in der zweiten Sitzung des „Zuständigkeitsausschusses" am 22. September 1948 hervorgeht: „Eine Landesverteidigung wird es nicht geben und kann es nicht geben. Aber es werden eine Reihe von Fragen auftauchen." Diese ebenso behutsame wie vorausschauende Bemerkung Strauß' gleich zu Beginn der Beratungen des Parlamentarischen Rates kennzeichnet nicht nur die gewittrige Stimmung dieser Wochen und Monate, sondern verdeutlicht noch zweierlei: Fragen der Sicherheit und der Verteidigung schob der Parlamentarische Rat zwar gewiß nicht beiseite – so eine nicht zu bezweifelnde Feststellung Foersters –, aber sie rangierten eben nicht an der Spitze der von der Versammlung zu regelnden schwerwiegenden Probleme des Staatsaufbaus. Für die betonte Zurückhaltung der Verfassungsväter auf diesem heiklen Gebiet – sie kannten die engen Grenzen ihrer Möglichkeiten genau, was sie zu ihrem verantwortungsbewußten Handeln durchaus frei machte – waren in erster Linie grundsätzliche Erwägungen, taktische Gründe zuletzt maßgebend. Daß Strauß ausgerechnet den etwas altmodisch-unklaren Begriff „Landesverteidigung" anwandte (und entschieden ablehnte), ist gleichsam als zögerlicher Beginn einer Sicherheitsdebatte anzusehen, die der Parlamentarische Rat zu dem schillernden Thema „Kollektives Sicherheitssystem" geführt hat. Die Vorstellungen hierzu reichten von einem Ost- und Westeuropa umfassenden Bündnissystem, ausgestattet – anders als der machtlose Völkerbund – mit einer „internationalen Wehrmacht" zur Verwirklichung von Sanktionen, engagiert verfochten von ·Carlo Schmid, bis zu wirklichkeitsnäheren Gedanken über ein westliches, europäisch-atlantisches Sicherheitssystem, wie es sich im Frühjahr 1949 (noch ohne die Bundesrepublik Deutschland) in der NATO konstituierte. Im Artikel 24 Absatz 2 des Grundgesetzes kristallisierte sich diese Debatte in dem Satz, der Bund könne „sich zur Wahrung des Friedens einem System gegenseitiger kollektiver Sicherheit einordnen" – nach Ansicht verschiedener Juristen allerdings nicht notwendig ein „Bündnis mit wechselseitigen militärischen Schutzpflichten" (Foerster). Aus der Ächtung des Angriffskrieges im Artikel 26 Absatz 1 ergibt sich nach juristischer Auffassung das elementare Recht der Selbstverteidigung. Der Weg zu dieser Formulierung war nicht einfach. Argumente von hohem moralisch-ethischen Rang, genährt durch bittere Erfahrungen der jüngsten deutschen Geschichte, sind hier vorgebracht worden. Aber diese Festlegung eröffnete im März 1956 die Möglichkeit zu der unmißverständlichen Formulierung im ersten Satz von Artikel 87a des Grundgesetzes: „Der Bund stellt Streitkräfte zur Verteidigung auf."

Bei der Bestimmung des Katalogs der ausschließlichen Gesetzgebung des Bundes – Artikel 73 – tauchte abermals eine im Hinblick auf den immerhin schon denkbaren künftigen westdeutschen Verteidigungsbeitrag schwerwiegende Frage auf. Daß der Bund die ausschließliche Gesetzgebung in auswärtigen Angelegenheiten haben sollte, war nicht streitig. Ein Zusatz, der diese Kompetenz auch auf „den Schutz des Bundes nach außen" ausgedehnt hatte, wurde zunächst mehrheitlich angenommen, später aber im Zuge der weiteren Beratungen auf Intervention von SPD-Abgeordneten wieder verworfen. In diesem Punkte ist der Artikel 73 dann im März 1954 ergänzt und die Wehrhoheit des Bundes durch Grundgesetzänderung nachträglich begründet worden. Diese Schwierigkeiten um den Artikel 73, 1 waren übrigens innenpolitischer Natur, „hausgemacht". Einwirkungen der Besatzungsmächte können ausgeschlossen werden. Hier dominierten sozialdemokratische Besorgnisse vor einer „neuen Reichswehr".

Die bis Frühjahr 1954 fehlende Wehrhoheit und die eingeschränkte Zuständigkeit des Bundes sogar in der Frage der inneren Sicherheit — wie sich angesichts der dezentral organisierten Polizei in den Ländern dann etwa in der anhaltenden Auseinandersetzung um die „mobile Bundesgendarmerie", überhaupt die „Polizeilösung" zeigte —, machte eigentlich schon im Ansatz den undeutlichen Auftrag des Generals der Pz.-Tr. a.D. Graf Schwerin als Sicherheitsberater des Kanzlers ab Frühjahr 1950 zu einer unlösbaren Aufgabe. Schwerin sah es als die Pflicht der Bundesregierung an, innenpolitisch (für den Fall eines befürchteten sowjetischen Angriffs) „alle vorbereitenden Maßnahmen zu treffen, um die Katastrophe zu mildern, die Entwicklung der Dinge unter Kontrolle zu halten und die schlimmsten Auswirkungen zu verhüten". So vernünftig sich das auf den ersten Blick las (Schwerin brachte es Ende Mai 1950 zu Papier), so eng war der innen-, erst recht der außenpolitische Spielraum der Bundesregierung in dieser lebenswichtigen Angelegenheit.

Die auf die Frage der Sicherheit hindeutenden Artikel 24 und 26, die Wehrhoheit vorerst ausschließende Formulierung von Artikel 73 des Grundgesetzes sind, wenn auch von innen- und außenpolitischer Ambivalenz, ohne direkte Auswirkung auf den einzelnen Staatsbürger, der hingegen unmittelbar berührt wird von Artikel 4 Absatz 3 im Grundrechtskatalog: „Niemand darf gegen sein Gewissen zum Kriegsdienst mit der Waffe gezwungen werden." Was heißt dieser Satz in der deutschen geschichtlichen Wirklichkeit der Nachkriegszeit? Das Grundgesetz hatte in der Frage der Wehrhoheit der Bundesrepublik Deutschland, wenn auch stillschweigend, durch Streichung einiger entscheidender Worte im Entwurf eine negative Festlegung getroffen und schwieg dementsprechend — mit nicht zu übersehenden Folgen für die praktische Politik — in seiner ersten Fassung natürlich auch zu etwaigen Streitkräften. War das also nur eine vorsorgliche theoretische Bindung, oder gab es vielleicht doch einen praktisch-aktuellen Bezug? Die Verfassungsväter hatten wohl nicht nur eine präventive, in die Zukunft gerichtete Maßnahme im Sinn, sondern auch einen deutlichen Anlaß für diese so eindeutig erscheinende, gleichwohl von Anfang an problematische Bestimmung. Was war im Falle einer nicht für unwahrscheinlich gehaltenen militärischen Auseinandersetzung zwischen Ost und West mit den Deutschen, die bei den westlichen alliierten Truppen auf deutschem Boden in Uniform, zum Teil auch unter leichten Waffen, mancherlei Hilfsdienste versahen? Ihr Status war ganz unklar, im schlimmsten Falle hätten sie als Freischärler ohne weiteres an die Wand gestellt werden können, fielen sie in die Hände der Gegenseite. Die Absicht, diesem vielgestaltigen Personenkreis eine Art Rettungsanker zuzuwerfen, mag die kontroverse Diskussion über diesen Satz des Grundgesetzes mit befruchtet haben.

Dieser flüchtige Blick auf das Grundgesetz zeigt, welche schwierigen rechtlichen Hindernisse auf dem Wege zu einem westdeutschen Verteidigungsbeitrag zu überwinden waren, bei dessen praktischer Verwirklichung sich dann noch der föderale Aufbau der Bundesrepublik Deutschland als zusätzliche Hürde erwies, zurückgehend auf das aus der Verfassungsentwicklung herrührende, nicht immer fruchtbare Spannungsverhältnis, in dem der Bund zu den Ländern steht und umgekehrt – ungeachtet der jeweiligen politischen Machtverhältnisse – die Länder meist zum Bund stehen. Nun sind rechtliche Schwierigkeiten sowohl streitig als auch gütlich im Wege der Verständigung zu überwinden. Das war bei der rechtlichen Einordnung des Militärs als letztem Pfeiler der Staatsgewalt in die verfassungsmäßige Ordnung der Bundesrepublik Deutschland auf glückliche Weise der Fall, bewirkt durch eine Große Koalition der Vernunft, personifiziert durch die herausragenden Parlamentarier Fritz Erler (SPD) und Richard Jaeger (CDU/CSU). Mit diesem innerhalb weniger Monate 1955/56 zustande gekommenen Gesetzeswerk waren freilich geschichtlich-psychologische Hürden noch längst nicht genommen. Der Journalist Franz Josef Schöningh hat das deutsche Dilemma am Ende des Jahres 1951 in die Worte gefaßt[3]:

„... noch niemals war ein Volk kriegsmüder als das deutsche nach diesem zweiten Zusammenbruch; noch niemals war es bereiter, allem militärischem Ehrgeiz abzuschwören und den zivilen Tugenden vor den soldatischen den Vorzug zu geben. ... Es will nicht sowjetisiert werden, es will sich zum Westen bekennen um jeden Preis. Aber auch um den Preis der Wiederbewaffnung? Etwa auch dann, wenn jene Kräfte wiederbelebt werden, die zu seiner und Europas Katastrophe beigetragen haben? Wenn die übrige Welt die Verworrenheit, die Fülle der Widersprüche in unserem politischen Leben verstehen will, muß sie zuerst diesen inneren Konflikt begreifen, in dem wir uns befinden."

Die mit dem unausweichlichen Verteidigungsbeitrag nahezu unauflösliche Westbindung kontrastierte mit der gerade auch bei vielen Soldaten anhaltenden überaus lebendigen Vorstellung von der wieder zu gewinnenden staatlichen Einheit Deutschlands, um es mit dem letzten Satz der Präambel des Grundgesetzes zu sagen:

---

3 Schöningh, Franz Josef: Der deutsche Konflikt, in: Süddeutsche Zeitung, Ausgabe vom 21.12.1951. Wiederabdruck ebd., Nr. 284 vom 8.12.1980.

„Das gesamte deutsche Volk bleibt aufgefordert, in freier Selbstbestimmung die Einheit und Freiheit Deutschlands zu vollenden."

Hinter diesem Satz verblaßte gefühlsmäßig wohl länger die Einsicht, daß mit dem westdeutschen Verteidigungsbeitrag, recht eigentlich ein außenpolitischer Einsatz Adenauers im Kräftespiel der vierziger, anfangs der fünfziger Jahre, innenpolitisch so viel gewonnen worden ist: einmal die Ablösung der Besatzungsherrschaft, zum anderen nicht nur eine Sicherheitsgarantie der einstigen Sieger, sondern auf dem schwierigen Wege der gleichberechtigten Mitwirkung — so viele Fragezeichen im Zeitalter nuklearer Waffen auch an diesen Worten anzubringen sind — in der westlichen Verteidigungs- und Sicherheitsallianz auch die stetige innere Festigung eines Staatswesens, damit verbunden ein bedeutender sicherer Gewinn an Freiheit.

Alexander Uschakow

DER WARSCHAUER PAKT
ALS AUSSENPOLITISCHE VORAUSSETZUNG
FÜR DIE GRÜNDUNG DER NVA DER DDR

I. Die sowjetische Doppelstrategie in Osteuropa

Grundpfeiler der sowjetischen Außenpolitik gegenüber den Staaten des ehemaligen Cordon sanitaire und mit einer gewissen Zeitverschiebung auch gegenüber Deutschland war die Formel „Sicherheit und soziale Revolution". Zwischen diesen beiden Polen bewegte sich die Machtergreifung durch linke Kräfte in Ostmittel- und Südosteuropa mit massiver Unterstützung durch Stalin. Es war eine elastische Maxime, die es gestattete, fast jede Schwenkung auf der internationalen Bühne den eigenen Zielen anzupassen.

Im Unterschied zum Vorgehen der Sowjets in Polen, in der Tschechoslowakei, in Ungarn und auf dem Balkan mußte der Kreml in Deutschland stärker das internationale Moment berücksichtigen. Während in der Tschechoslowakei und besonders in Polen die Bildung der Streitkräfte zeitlich und politisch mit der Phase des Bürgerkrieges und der Machtergreifung zusammenfiel, wobei dem Militär in diesem Zusammenhang eine wichtige Rolle zufiel, trat die Nationale Volksarmee der DDR erst „nach dem Aufbau des Sozialismus"[1] in Erscheinung, formell sogar erst mit der Gründung des Warschauer Paktes von 1955. Man kann deshalb bei der Darstellung der Rolle der NVA in den sowjetischen Plänen zwei Phasen unterscheiden: die sowjetische Politik der Sicherheit vor Deutschland im Zusammenwirken mit den Westalliierten und ihre Sicherheitsstrategie mit der DDR gegen die Bundesrepublik Deutschland und die Westmächte. Diese grundsätzliche Einteilung schließt nicht aus, daß sich beide Ziele und Methoden überschneiden, zeitlich zum Teil parallel laufen und in Wirklichkeit nicht streng logisch voneinander isoliert werden können. Mit

---

[1] Vgl. das Sammelwerk zum Warschauer Pakt unter der Redaktion des Oberkommandierenden Marschall Kulikov: Varšavskij Dogovor – Sojuz vo imja mira i socializma. Moskau 1980, S. 186: „Im Unterschied zu den Bruderarmeen der anderen Mitgliedsländer des Warschauer Vertrages wurde die NVA der DDR in einer Phase gebildet, in der bereits das Fundament des Sozialismus in der Republik gelegt wurde, und deshalb hat sie sich von Anfang an auf der Grundlage der im Leben erprobten Leninschen Prinzipien beim militärischen Aufbau als eine Armee des sozialistischen Typs entwickelt."

der Parole von der nationalen und sozialen Befreiung als Ergebnis des sog. Kampfes zwischen dem Sozialismus und Kapitalismus traten die Sowjets den Westmächten offen erst in der letzten Phase des Zweiten Weltkrieges entgegen, doch sie wurde schon mitten im Krieg zuerst auf der Parteiebene im Rahmen der Komintern praktiziert.

Wie in allen Bereichen ließ sich die sowjetische Führung auch in Militärfragen fast sklavisch von den eigenen Erfahrungen nach der russischen Revolution leiten. Während des Bürgerkrieges nach 1917 verfolgte Lenin durch die Aufstellung der Roten Armee zwei Ziele: die Machteroberung im Inneren und die Verteidigung nach außen. Hier wie später erwiesen sich nationale Losungen zugkräftiger als die revolutionären Parolen, was besonders für den Eintritt ehemaliger zaristischer Offiziere in die neue Armee von Bedeutung war. Es nimmt deshalb nicht wunder, daß dieses Prinzip besonders im letzten Weltkrieg breite Anwendung in den kleineren osteuropäischen Ländern fand. Von daher läßt sich aber auch der bekannte Dualismus zwischen der politischen Führung innerhalb der Streitkräfte und den „reinen Militärfachleuten" herleiten. Schon die Geburt der Roten Armee wurde von heftigen Kontroversen innerhalb der bolschewistischen Partei begleitet. Es wurde u.a. die frühere Theorie von der Armee in Form einer Volksmiliz in die Diskussion gebracht, denn gegen alle Militärs hegten vor allem die Sozialdemokraten tiefes Mißtrauen. Viele sahen in der neuen Arbeiter- und Bauernarmee eine Gefahr für die Klassendiktatur und in der Disziplin, die jede Wehrordnung auszeichnet, eine Wiederbelebung des repressiven Elements[2]. Doch Lenin entschied sich für eine reguläre Armee mit ausdrücklicher Beteiligung der sog. zaristischen Spezialisten, wie man sie in den Parteidokumenten bezeichnete. Darauf geht die Einführung der Politkommissare zurück, die eine Kontrolle über das fremde Element der „Spezialisten" ausüben sollten. Im Zweiten Weltkrieg und schon im Spanienkrieg 1936-1939 lag bei den Politoffizieren der Keim für die Theorie der gesellschaftlichen Befreiung in den Gebieten, die mit militärischer Gewalt erobert werden sollten. Bereits auf dem VIII. Parteitag der Bolschewiki vom März 1919 wurden Weichen in dieser Richtung gestellt, und man hat mit den Anhängern der Volksmiliz abgerechnet. Es sollte weiter die Anwerbung der „Spezialisten" fortgesetzt werden, zugleich richtete man eine straffe Überwachung ihrer Tätigkeit in der Roten Armee durch die Partei ein.

Seit dem Beschluß von 1919 über die politische Kontrolle der Streitkräfte ist die Politische Hauptverwaltung der Streitkräfte ihr wichtigstes Organ, dessen Stellung nicht durch die jeweilige Staatsverfassung, sondern durch das Parteistatut bestimmt wird. In allen Parteistatuten der kommunistischen Länder wird dem Militär ein besonderer Abschnitt gewidmet. Nach dem geltenden Partei-

---

[2] Vgl. die Reden und Beschlüsse des VIII. Parteikongresses der Bolschewiki vom 18. bis 23. März 1919: KPSS v rezoljucijach i rešenijach, Bd. 1. Moskau [7]1954, S. 430-441.

statut der KPdSU von 1961 in der Fassung von 1981 leitet das ZK über die Politische Hauptverwaltung die gesamte Arbeit in den Streitkräften und gewährleistet dadurch „die Verwirklichung der Politik der Partei in den Streitkräften" (Art. 65 und 66). Nach Art. 39 des Statuts der Polnischen Vereinigten Arbeiterpartei von 1981 „wird die Parteiarbeit in den Streitkräften durch das ZK in der Politischen Hauptverwaltung geleitet", und gemäß Art. 68 des Parteistatuts der SED arbeiten die Parteiorganisationen nach den „vom Zentralkomitee bestätigten Instruktionen" und sind verpflichtet, „enge Verbindung mit den örtlichen Parteileitungen zu unterhalten"[3].

Besonders deutlich sichtbar wurde die zweigleisige Politik der Sowjets in den dreißiger Jahren. Die Sowjetunion stand nach dem Ersten Weltkrieg außerhalb des Völkerbundes und war bestrebt, durch eigene Bündnispolitik die Entwicklung der internationalen Beziehungen rechtzeitig zu neutralisieren. Sie betrachtete deshalb alle Bemühungen der organisierten Staatenwelt im Rahmen des Völkerbundes mit Argwohn und Mißtrauen, schaltete sich aber aktiv in die europäische Politik der Kriegsächtung (Kellogg-Pakt von 1928) ein. Mit einer Reihe von Nachbarstaaten setzte sie am 29. Februar 1929 in Moskau den Kriegsächtungspakt vorzeitig in Kraft[4]. Vervollständigt wurde das Netz der Verträge durch Nichtangriffspakte mit den Nachbarländern und die Annahme der sowjetischen Definition des Angriffs[5]. Auf diese Weise errichtete die Sowjetunion ein dichtes Netz von unterschiedlichen Verträgen rund um die UdSSR, um vor allem möglichen Sanktionen des Völkerbundes vorzubeugen. Die einzige schwache Stelle an der sowjetischen Westflanke stellte Deutschland dar. Und Ende 1933 fand eine Annäherung zwischen Frankreich und der UdSSR vor dem Hintergrund der Machtergreifung Hitlers statt.

Zu dieser Entwicklung haben wesentlich die japanische Politik im Fernen Osten, der Austritt Berlins aus dem Völkerbund und das Fernbleiben von der Arbeit der Abrüstungskommission des Völkerbundes im Oktober 1933 beigetragen. Die Grundlage für das Einlenken auf die Linie der französischen Ostpolitik legte der Beschluß des ZK vom 19. Dezember 1933, der am 28. Dezember dem französischen Außenministerium übermittelt wurde. Die beiden Kern-

---

3 Vgl. Ustav Kommunističeskoj Partii Sovetskogo Sojuza. Moskau 1981; Die Staats- und Verwaltungsordnung der VR Polen, zusammengestellt und bearbeitet von Siegfried Lammich, Berlin 1982, S. 68; und Fricke, Karl Wilhelm: Programm und Status der SED. Köln 1976, S. 136.

4 Text mit zahlreichen Noten in deutscher Sprache: Der Kampf der Sowjetunion um den Frieden. Eine Dokumentensammlung 1917-1929. Berlin 1929, S. 232-236.

5 Durch das sog. Litvinov-Protokoll wurde der Kellogg-Pakt zuerst zwischen der UdSSR, Lettland, Polen, Rumänien, dann mit Estland, der Türkei und Persien in Kraft gesetzt. Weiter Texte bei Hoetzsch, Otto: Der europäische Osten. Leipzig/Berlin 1933. S. 96-98. Die im Völkerbund ausgearbeitete Konvention über die Definition des Angriffs hat die UdSSR in einer Konvention mit Persien, Afghanistan, Estland, Lettland, Polen, der Türkei, dann mit der ČSR, Jugoslawien, Rumänien, Litauen und Finnland in Kraft gesetzt.

punkte bezogen sich auf das Junktim zwischen dem Beitritt Moskaus zum Völkerbund und einem Garantiepakt in Gestalt eines regionalen Paktes nach dem Vorbild der Locarno-Verträge im Westen, jedoch ausdrücklich gegen Deutschland gerichtet. Am 8. Juli 1934 legte Paris der britischen Regierung den Entwurf eines solchen Ostpaktes vor, nach dem die UdSSR bestimmte Verpflichtungen übernehmen sollte. Auf britischen Vorschlag hin wurden jedoch sowjetische Garantien auch auf Deutschland ausgedehnt. Am 12. Juli 1934 wurde der geänderte Entwurf eines Ostpaktes dem Auswärtigen Amt in Berlin vorgelegt, das gegen ihn eine Reihe von Einwänden erhob. Auch Polen, das nach sowjetischer Auffassung unbedingt dem Garantiepakt angehören sollte, lehnte diesen in der vorgelegten Form aus Furcht vor den Folgen eines eventuellen Durchmarsches der Roten Armee durch polnisches Gebiet ab. Trotz dieses Mißerfolgs trat die Sowjetunion im September 1934 dem Völkerbund bei und schloß kurz danach, am 5. Dezember 1934, mit Frankreich eine Konvention über weitere Schritte zur Errichtung eines regionalen Sicherheitspaktes in Europa ab. Am 2. Mai 1935 wurde in Vollzug dieser Vereinbarung zwischen den beiden Staaten ein Vertrag über gegenseitige Hilfe unterzeichnet, der die Möglichkeit vorsah, ihn zu einem mehrseitigen Pakt auszuweiten. Am 16. Mai 1935 kam ein ähnlicher Pakt zwischen der UdSSR und der Tschechoslowakei zustande[6].

Die sowjetische Politik auf der zwischenstaatlichen Ebene im Rahmen des Völkerrechts mußte zwangsläufig mit den Grundsätzen der Kommunistischen Internationale kollidieren, was erhebliche Verwirrung innerhalb der kommunistischen Weltbewegung verursachte. Dieses sowjetische Spiel „auf zwei Klavieren" war voller Widersprüche, besonders im Verhältnis zu Deutschland und zu den deutschen Kommunisten. Auf dem VII. Kominternkongreß im Sommer 1935 in Moskau kam auch die Frage der Streitkräfte zur Sprache. Palmiro Togliatti verteidigte die Entscheidung Lenins zum Aufbau einer schlagkräftigen regulären Armee. Die Rote Armee unterscheide sich von allen anderen Armeen dadurch, daß sie „unter Leitung der Kommunistischen Partei der Sowjetunion steht". Hingegen wurde an der sowjetischen Bündnisstrategie mit Frankreich Kritik geübt, weil man ihre Zielsetzung vom ideologischen Standpunkt aus nicht verstand. Durch die notwendig werdende Aufrüstung als Folge der Pakte würde „der bürgerliche Staat gestärkt und die Revolution hinausgeschoben", hieß es. Togliatti antwortete: Vom rein theoretischen Standpunkt aus sei es unzweifelhaft, „daß unter gewissen Bedingungen die Möglichkeit des Abschlusses eines Paktes, der sogar militärische Zusammenarbeit zwischen einem proletarischen Staat und irgendeinem kapitalistischen Staat vorsieht, besteht"[7].

---

6 Besonders der Bündnisvertrag mit der Tschechoslowakei sollte später im Kriege eine wichtige Rolle spielen, als Beneš 1942/43 um einen neuen Pakt mit der UdSSR verhandelte und schließlich Ende 1943 doch einen „modifizierten" Vertrag unterzeichnen mußte.

7 Vgl. VII. Kongreß der Kommunistischen Internationale. Referate und Resolutionen. Berlin (Ost) 1975, S. 186.

Mitte der dreißiger Jahre leitete die sowjetische Führung eine Annäherung an die westlichen Demokratien unter der Losung der Volksfront ein. Die neue Taktik propagierte den Status quo im Inneren der westlichen Länder und die Legalität des bürgerlichen Regierungssystems. Sie wurde für Westeuropa mit großem propagandistischem Aufwand betrieben. Für die KPD bedeutete diese Schwenkung einen Marsch in die Ungewißheit und schließlich in eine Katastrophe. Schon auf dem Kominternkongreß von 1935 entstand jene Lage, die den ungelösten Zwiespalt zwischen dem Bekenntnis zum Kommunismus und dem Anspruch, Vertreterin einer Arbeiterschaft zu sein, welche mitten in Europa eine fortschrittliche Entwicklung aufweist, bis heute kennzeichnet. Zusätzlich trafen die großen Säuberungen in den Reihen der Kommunisten nach der Ermordung Kirovs auch die KPD schwer.

Vor dem Ausbruch des Zweiten Weltkrieges gewann der militärische Aspekt der sowjetischen Politik zunehmend an Bedeutung. Man kann dabei drei Modelle feststellen, nach denen sich die Sowjets richteten: zum einen das Muster eines „bürgerlichen" Beistandsvertrages mit einer national unabhängigen Regierung (Verträge Moskaus mit Frankreich und der ČSR von 1935), zum zweiten die Variante des Paktes mit der politisch und ideologisch abhängigen Mongolei von 1936, die zwar ganz unter sowjetischen Einfluß geriet, jedoch nicht als eine Unionsrepublik in die UdSSR inkorporiert worden ist. Das für die KPD wichtigste Modell war zuerst die sog. spanische Variante der internationalen Hilfe. Es gab keinen formellen Vertrag zwischen der UdSSR und der spanischen Republik während des Bürgerkrieges, doch auf der internationalen Ebene ergriff Stalin durch personelle und technische Hilfe für die Republik Partei. Diplomatisch arbeitete die UdSSR im „Komitee für Nichteinmischung", zugleich jedoch organisierte Moskau internationale Brigaden. Neben den ca. 3000 sowjetischen Militärberatern und Spezialisten bildeten die Deutschen neben den Franzosen das stärkste Kontingent der internationalen Brigaden. In der XI. Brigade „Ernst Thälmann" war Heinz Hoffmann, der ehemalige Verteidigungsminister der DDR, Politkommissar, nachdem er vorher auf einer Sonderschule der Militärakademie „M. V. Frunze" in Rjazan' ausgebildet worden war. Die NVA „knüpft an die Tradition der internationalen Brigaden in Spanien 1936-1939 an, in denen die Deutschen eine der größten Gruppen bildeten"[8]. Nach dem Ende des Spanischen Bürgerkrieges überschritten die Reste der Thälmann-Brigade die französische Grenze und wurden später in die Sowjetunion überführt, wo sie während des Krieges in der Roten Armee dienten.

Mit dem Übergang zur Strategie der Volksfront legte der Generalsekretär der Kommunistischen Internationale, Georgi Dimitrov, allen Kommunisten nahe, den bürgerlichen Staat zu tolerieren. Man dürfe angesichts des internationalen Kräfteverhältnisses die Frage der bürgerlich-demokratischen Revolu-

---

8   So das Standardwerk von Jurek, M. / Skrzypkowski, E.: Tarcza pokoju. XX-lecie Układu Warszawskiego. Warschau 1975, S. 264.

tion nicht mehr so stellen wie früher[9]. Die sog. Zwei-Phasen-Theorie wurde bereits am spanischen Modell entwickelt: Der volksdemokratische Staat sei kein Sowjetstaat, hieß es bei Dimitrov. Dieses Etikett erhielten nach 1945 die kleineren osteuropäischen Länder, um den Unterschied zum „entwickelten Sozialismus" der Sowjetunion zu rechtfertigen, doch die Voraussetzungen, auf denen die „Volksdemokratie" während des spanischen Bürgerkrieges beruhte, und die Lage in Osteuropa nach dem Kriege waren grundverschieden. In Osteuropa gab es nach der Besetzung durch die Rote Armee nicht einmal dem Namen nach eine „Volksfront".

Die allgemeine ideologische Verwirrung war vollkommen, als Stalin auf dem XVIII. Parteitag von 1939 die berühmte Offerte an Hitler machte und gleichzeitig das System des Völkerbundes abwertete. Am 10. März 1939 führte er aus: Nach dem Ersten Weltkrieg hätten die Siegermächte eine neue Ordnung auf der Grundlage des Versailler Vertrages errichtet, der dazu bestimmt gewesen sei, „die Beziehungen zwischen den Ländern im Rahmen dieses Regimes auf der Grundlage der Einheitsfront der Staaten, auf der Grundlage der kollektiven Verteidigung der Sicherheit der Staaten zu regeln". Die Ursache für den Niedergang dieses Systems sah er darin, daß sich die Staaten von der Politik der kollektiven Sicherheit losgesagt hätten.

II. Sowjetische Militärpolitik im Zweiten Weltkrieg

Beginnend mit dem Ausbruch des deutsch-sowjetischen Krieges von 1941 läßt sich eine sowjetische Bündnisstrategie verfolgen, die mit einem spezifischen Sicherheitsbegriff gekoppelt ist. Während zwischen den beiden Kriegen die Formel „Sicherheit durch Neutralität" bestimmend war, bekam die „Sicherheitsmaxime" seit 1943 einen offensiven Charakter. Als nach den ersten militärischen Erfolgen in Stalingrad politische Ziele einer Neuordnung Europas zur Diskussion standen, ergab sich für Stalin die grundsätzliche Frage, ob er einen Ausgleich mit Deutschland suchen oder eine andere Lösung anstreben sollte. Daraus resultierten die bekannten Sondierungsgespräche der Sowjets in Stockholm über einen vorzeitigen Separatfrieden mit Deutschland[10]. Im Gespräch mit Oskar Lange im Mai 1944 referierte Stalin über die Modelle seiner Deutschlandpolitik: Entweder schließe man mit Deutschland einen Kompromiß, oder man errichte eine dauernde Kontrolle über das deutsche

---

[9] Vgl. hierzu auch den Aufruf zur Bildung der deutschen Volksfront vom 21. Dezember 1936 und den Entwurf eines Programms vom gleichen Tag: Geschichte der deutschen Arbeiterbewegung, Bd. 5. Berlin (Ost) 1966, S. 489-494.

[10] Vgl. hierzu im einzelnen die umfassende Darstellung der sowjetischen Deutschlandpolitik von Fischer, Alexander: Sowjetische Deutschlandpolitik im Zweiten Weltkrieg 1941-1945. Stuttgart 1975, S. 38-45.

Potential, weil sich die Deutschen seit 1870/71 wiederholt innerhalb einer Generation zu einer europäischen Großmacht entwickelt hätten[11]. Der Gang der Ereignisse und nicht zuletzt die Haltung der Westmächte ließen die zweite Alternative Wirklichkeit werden, die heute das europäische Hauptproblem bildet, die aber die Beherrschung des europäischen Zwischenfeldes durch die UdSSR allein zur Folge hatte. Wie der ehemalige sowjetische Botschafter in der DDR, P. A. Abrasimov, in seinen Erinnerungen schreibt, war die Herrschaft der Sowjets in Osteuropa ein entscheidender Faktor für die weitere Entwicklung in der DDR und ihren Eintritt in den Warschauer Pakt[12].

Die Einbeziehung der DDR in den Warschauer Pakt setzte eine Entwicklung unter den Siegern des Zweiten Weltkrieges voraus, die mit der Spaltung ihrer Solidarität, der Abkehr von der Maxime „Eine Welt" und der Bildung von gegnerischen Staatenblöcken zusammenhängt. Besonders für die DDR war die völkerrechtliche Verselbständigung eine *conditio sine qua non* ihrer Sicherheitspolitik. Solange sie noch einen Teil Gesamtdeutschlands bildete, war ihre Frontstellung gegen den anderen Teil desselben Staates juristisch nicht nachvollziehbar, vor allem als Glied der Anti-Aggressions-Pakte auf der Grundlage der sog. Feindstaatenklauseln der Vereinten Nationen. Man kann schlecht eine Sondervorschrift gegen das ungeteilte Deutschland als „Berechtigung" eines Teils (DDR) gegen einen anderen Teil Deutschlands (Bundesrepublik Deutschland) „umfunktionieren", obwohl es in der Völkerrechtstheorie der DDR bis zum ersten Bündnisvertrag mit der UdSSR von 1964 Konstruktionen gegeben hatte, die eine solche These begründen sollten. Einer der Gründe für die „neutrale" Formulierung des Warschauer Vertrages von 1955 war eben die Teilnahme der DDR, wenn auch mit einigen Besonderheiten.

Vor allem Roosevelt setzte während des Krieges alles daran, um die Sowjetunion für ein Sicherheitssystem nach dem Kriege zu gewinnen. Er war bereit, das Interesse Stalins an einer begrenzten Einflußnahme auf die außenpolitische Haltung dieser Staaten nach dem Kriege zu berücksichtigen. Von sowjetischer Seite wurde für diesen Sachverhalt die Formel von den „freundschaftlichen Beziehungen" geprägt.

Die schwierige Frage, an der schließlich die Koalition der Alliierten zerbrochen ist, war zum einen die Gestalt der künftigen Sicherheitsorganisation an Stelle des Völkerbundes, zum anderen das Verhältnis der Weltorganisation zum regionalen europäischen Sicherheitssystem, und hier vor allem die Stellung Deutschlands. Auf der Teheraner Konferenz Ende 1943 waren es die Amerikaner, die einen detaillierten Plan für eine universelle Sicherheitsorganisation

---

11 Diese Version hat Stalin wiederholt gegenüber westlichen Politikern – Churchill, Roosevelt, Mikołajczyk, Hopkins – und Oskar Lange vorgetragen. Vgl. dazu Kowalski, Włodzimierz T.: ZSSR a granica na Odrze i Nysie. Warschau 1965, S. 136; und Ciechanowski, Jan: Vergeblicher Sieg. Zürich 1948, S. 310.

12 Abrasimov, P. A.: 300 metrov ot Brandenburgskich Vorot. Moskau 1983, S. 189 f.

4*

vorlegten. Eingedenk der Erfahrungen mit dem Völkerbund plädierten amerikanische Vertreter für eine starke Organisation mit Zwangsbefugnissen im
Sicherheitsrat. Doch für Stalin und Molotov schien es nicht so sehr um eine
globale Organisation als vielmehr um eine Allianz der Großmächte mit einer
räumlichen Einteilung der einzelnen Einflußsphären zu gehen. Das tiefe Mißtrauen der Russen, sich universell binden zu wollen, durchzieht wie ein roter
Faden ihre Politik seit 1917. Doch schon nach Teheran schälten sich bei den
Sowjets Ideen heraus, die auf ein Vetorecht in der künftigen Organisation
der Vereinten Nationen hinausliefen. Innerhalb eines Jahres wurde von den
Experten der Alliierten das Statut der künftigen Sicherheitsorganisation aus-
gearbeitet, das zur Grundlage der Beratung der wichtigen Konferenz von Dumbarton Oaks im Herbst 1944 werden sollte. Die Sowjets lehnten westliche
Vorschläge ab, so daß es mehrere Male fast zum Abbruch der Konferenz kam.
Bald wurde sichtbar, daß die Befugnisse des Sicherheitsrates der Kern der
künftigen Weltorganisation für Frieden und Sicherheit werden sollte.

Doch bedeutsamer als Wortgefechte auf der Konferenz in Dumbarton Oaks
waren vollendete Tatsachen, die Stalin in Osteuropa durch den Abschluß von
Bündnisverträgen mit den ehemaligen Staaten des sog. Cordon sanitaire geschaffen hatte. Hier zeigte sich zum ersten Mal der Bruch innerhalb der Koalition durch das völkerrechtliche Prisma, weil die zweiseitigen Pakte in Ost und
West der Kontrolle des Sicherheitsrates unterliegen sollten, wie die Vorschläge
von Dumbarton Oaks es vorsahen. Grundsätzlich durften Regionalpakte keine
eigenmächtigen Aktionen ohne Ermächtigung des Sicherheitsrates durchführen.
Die Satzung der Vereinten Nationen in ihrer ursprünglichen Fassung hat den
dezentralisierten Zwang als Attribut der staatlichen Souveränität aufgehoben.
Die Vorschläge von Dumbarton Oaks sahen noch die absolute Priorität der
Organisation der Vereinten Nationen vor. Nach dem ersten Entwurf gab es
keine Instanz außerhalb der Vereinten Nationen, die befugt gewesen wäre,
eigenmächtig über regionale Sicherheit zu entscheiden.

Die Lage änderte sich grundlegend, als auf der Gründungskonferenz der
UNO in San Francisco die sog. Anti-Aggressions-Pakte gegen Deutschland zur
Sprache kamen. Am 26. Mai 1942 schloß die UdSSR einen solchen Vertrag mit
England, am 12. Dezember 1943 mit der Tschechoslowakei, am 10. Dezember
1944 mit Frankreich, am 11. April 1945 mit Jugoslawien, am 21. April 1945
mit Polen, und dann in rascher Folge auch mit den anderen osteuropäischen
Ländern.

Der Wortlaut dieser Pakte wurde auf der Konferenz in San Francisco in die
UNO-Satzung in dem Abschnitt über die Regionalabkommen aufgenommen.
Angesichts der Tatsache, daß die späteren sowjetischen Bündnisse eine Aus-
nahme zur Regel gemacht haben, zeigt schon ihre Aufnahme auf der Grün-
dungskonferenz, daß es im Frühjahr 1945 zu einem tiefen Bruch zwischen den
Siegern gekommen war.

Die sog. Anti-Aggressions-Abkommen waren politische Pakte, die nicht auf die Abwehr einer Aggression, sondern auf sog. vorbeugende Maßnahmen der Vertragspartner in eigener Regie ausgerichtet waren. So lautete z.B. Art. 3 des Vertrages zwischen der UdSSR und der ČSR von 1943: Für den Fall, daß eine von den Vertragsparteien in der Nachkriegszeit in Kriegshandlungen mit Deutschland, „wenn es seine Politik des Dranges nach Osten wiederaufnehmen sollte, oder mit irgendeinem anderen Staat, der sich mit Deutschland unmittelbar oder in irgendeiner Form in einen solchen Krieg vereinigte, hineingezogen werden sollte", wird die andere Seite jede militärische und andere Unterstützung erweisen. Vor allem der französisch-sowjetische Pakt von 1944 war für die Konzipierung der Feindstaatenartikel der UN-Satzung von grundsätzlicher Bedeutung. Die beiden Staaten verpflichteten sich, nach dem Kriege „alle erforderlichen Maßnahmen zu treffen, um eine neue Bedrohung von seiten Deutschlands zu verhindern und jede Initiative zu einem neuen deutschen Angriffsversuch zu unterbinden"[13]. Hier sollte eine permanente politische Kontrolle über Deutschland errichtet werden. Der Präventivgedanke ist am schärfsten in dem letzten Pakt zum Ausdruck gekommen. Dabei wurde die Formulierung „eine neue Bedrohung seitens Deutschlands" der Beurteilung der Vertragspartner nach eigenem Ermessen überlassen.

Vorerst mußte aber die offensichtliche Kollision zwischen dem Recht des Sicherheitsrates zur Verhinderung von Gewaltmaßnahmen und dem Sonderrecht aus den Regionalpakten gegen Deutschland harmonisiert werden. Hier zeigte Paris starkes Interesse an sowjetischer Unterstützung, zumal da Frankreich nicht an der Konferenz in Dumbarton Oaks beteiligt war. Deshalb sprach am 25. Februar 1945 der französische Gesandte in Moskau, General Catroux, bei Molotov vor. Er leitete das Gespräch mit der Bemerkung ein, daß die Vorschläge von Dumbarton Oaks jede Maßnahme gegen die Gefahr einer neuen deutschen Aggression von der Zustimmung des Sicherheitsrates abhängig machten, während der Bündnisvertrag zwischen Frankreich und der UdSSR ein Zusammengehen der Vertragspartner ohne Mitwirkung des Sicherheitsrates vorsähe. Bei der zweiten Unterredung am 6. März 1945 setzte sich der französische Vertreter massiv für eine rechtliche Verzahnung der künftigen Charta der Vereinten Nationen mit dem Pakt ein, was eine Ausnahmeregelung bedeutete[14].

Die Gefahr einer Sonderallianz zwischen Frankreich und der UdSSR mit einer Spitze gegen Deutschland versuchte in letzter Minute Churchill durch die Idee eines Dreierbündnisses zu verhindern, was ihm angesichts der Aversion de Gaulles gegen die westlichen Großmächte nicht gelungen ist. Paris wollte

---

13   Eine deutsche Übersetzung der beiden Texte bei Deuerlein, Ernst: Die Einheit Deutschlands, Bd. 1. Frankfurt a.M./Berlin ²1961, S. 304-325.
14   Vgl. Sovetsko-francuzskie otnošenija vo vremja Velikoj Otečestvennoj vojny 1941-1945. Moskau 1959, S. 410 und 427.

zu diesem Zeitpunkt keine engen politischen und militärischen Bindungen auf dem europäischen Kontinent eingehen: Großbritannien komme immer zu spät, wenn es auf dem Festland brennt, bemerkte der französische Vertreter am 6. März 1945 Molotov gegenüber[15].

In den ersten Tagen der Konferenz von San Francisco wurden von den Großmächten Anträge zur Änderung der in Dumbarton Oaks ausgearbeiteten Satzung eingebracht, die dann gemeinsam als 27 „proposals" vorgelegt wurden. Die sowjetische Delegation brachte u.a. den Punkt 4 ein: „Keine Zwangsmaß-nahmen können ohne Zustimmung des Sicherheitsrates ergriffen werden, mit Ausnahme der gegen Feindstaaten aufgrund der Regionalabkommen." In San Francisco nahm dieser Antrag die Fassung des heutigen Art. 53 Abs. 1 Satz 3 an: Der Sicherheitsrat nimmt regionale Organisationen in bestimmten Fällen in Anspruch, und ohne seine Zustimmung dürfen keine Zwangsmaßnahmen durchgeführt werden, „ausgenommen sind Maßnahmen gegen einen Feindstaat im Sinne des Abs. 2, soweit sie in Art. 106 oder in regionalen, gegen die Wieder-aufnahme der Angriffspolitik eines solchen Staates gerichteten Abmachungen vorgesehen sind"[16]. Hierzu schreibt der sowjetische Völkerrechtler und Berater der sowjetischen Delegation auf der Konferenz in San Francisco S. B. Krylov: Die französische Delegation wollte ihr Recht zu Präventivaktionen unabhängig von einer Entscheidung des Sicherheitsrates gemäß dem französisch-sowje-tischen Vertrag berücksichtigt wissen. Mit Unterstützung der sowjetischen Delegation „erreichte die französische Delegation die Aufnahme der entspre-chenden Vorschrift in die Satzung"[17]. Wie die spätere politische Entwicklung nach 1945 gezeigt hat, waren die antideutschen Sonderbestimmungen der UN-Satzung „das trojanische Pferd des gesamten UN-Systems der Kriegsverhütung, das von hier aus juristisch aus den Angeln zu heben ist"[18].

Die Ironie der Geschichte wollte es offenbar, daß die amerikanische Gegen-maßnahme zur Neutralisierung der sowjetischen Bündnispolitik in Osteuropa mit einer Stoßrichtung gegen Deutschland eine zweite wichtige Ausnahme vom lückenlosen System der Weltorganisation brachte, auf der der Warschauer Pakt und die NATO beruhen: den Art. 51 der UN-Satzung mit dem Recht auf indi-viduelle und kollektive Selbstverteidigung. Diese Ermächtigung richtete sich nicht gegen einen bestimmten Staat, wie Art. 53 Abs. 1 Satz 3 gegen Deutsch-land, sondern gegen jeden Aggressor. Deshalb vollzog sich die Eingliederung der DDR in das gesamte System der sowjetischen Allianzen in zwei Phasen:

---

[15]   Ebd.

[16]   Vgl. Mangoldt, Hans v.: San Francisco Charta der Vereinten Nationen. Hamburg 1948, S. 63.

[17]   Krylov, S. B.: Istorija sozdanija Organizacii Ob-edinennych Nacij. Moskau 1960, S. 94 f. und 207.

[18]   So treffend Berber, Friedrich: Lehrbuch des Völkerrechts, II. Bd. München/Berlin 1962, S. 54. Zum Gesamtproblem vgl. Frenzke, Dietrich / Hacker, Jens / Uschakow, Alex-ander: Die Feindstaatenartikel und das Problem des Gewaltverzichts. Berlin 1971.

zuerst in den Warschauer Pakt als einer allgemeinen Militärorganisation und dann in die besonderen Anti-Aggressions-Pakte seit 1964.

III. Die Spaltung unter den Alliierten
und die Spaltung Deutschlands

Ob Stalin von vornherein konkrete Pläne bezüglich Deutschland verfolgte, mag fraglich und unbewiesen sein, vor allem, wenn man seine Friedensfühler über Stockholm von 1942/43 berücksichtigt. Doch schon nach Stalingrad stand die Kooperation zwischen den Alliierten unter keinem guten Stern. Das Mißtrauen überwog auf beiden Seiten und wurde nur mühsam durch die Furcht vor Hitler gekittet. Auf sowjetischer Seite belastete das Münchner Abkommen das Verhältnis, verstärkt durch die westliche Strategie, die sog. Zweite Front in Europa erst nach gründlicher Vorbereitung zu eröffnen. Stalin verdächtigte seine Verbündeten, die deutsche Expansion nach Osten lenken zu wollen; er hielt es auch nicht für ausgeschlossen, daß sie gegen Ende der Kampfhandlungen einen Frontwechsel vollziehen könnten. Bei den westlichen Staatsmännern hatte der Hitler-Stalin-Pakt einen politischen Schock hinterlassen, der niemals restlos überwunden wurde. Schließlich beobachteten die Sowjets sehr aufmerksam die Auseinandersetzung zwischen den Amerikanern und den Briten über die Chancen einer Offensive vom Mittelmeer aus, um den Sowjets auf dem Balkan und sogar in Mitteleuropa zuvorzukommen. Die Lage änderte sich schlagartig, als die westliche Offensive Ende 1944 durch die letzte deutsche Gegenaktion in den Ardennen ins Stocken geraten war.

Auf der ersten Sitzung der Großen Drei in Jalta hielt Stalin den westlichen Politikern selbstbewußt vor, daß die Sowjetunion durch kein in Teheran abgeschlossenes Abkommen verpflichtet gewesen sei, eine Winteroffensive zu starten. Bekanntlich stießen die sowjetischen Truppen auf Ersuchen Roosevelts und Churchills im Januar 1945 von der mittleren Weichsel aus zu ihrer letzten Offensive vor, die sie bis Berlin führte. Die sowjetischen Marschälle Žukov und Konev erhielten den Befehl, unter Einsatz aller Kräfte möglichst weit nach Deutschland vorzustoßen. Ende März 1945 erhielt die sowjetische Führung die Information, daß in Bern Verhandlungen zwischen den Deutschen und den Amerikanern über die Kapitulation der deutschen Truppen in Italien geführt würden. Am 3. April schrieb daraufhin Stalin an Roosevelt, daß im Ergebnis dieser separatistischen Verhandlungen die Streitkräfte der Westmächte strategische Vorteile erhalten hätten und sich ohne Widerstand in Deutschland bewegen würden. Am 5. April meldete er sich noch einmal: Während im Herzen Deutschlands die Städte Osnabrück, Mannheim und Kassel ohne jeden Widerstand geräumt worden seien, kämpften die Deutschen im Osten um jede bedeutungslose Bahnstation: „Sie werden zugeben, daß ein solches Verhalten der

Deutschen mehr als seltsam und unerklärlich ist."[19] Diese Beschuldigungen
Stalins hat die westliche Geschichtsschreibung scharf zurückgewiesen; man
argwöhnte, daß dadurch ein Alibi für sein eigenes Vorgehen in Deutschland
geschaffen werden sollte. Um jeden Verdacht in dieser Richtung von sich zu
weisen, stellten Roosevelt und Churchill die Forderung nach einer allseitigen
Kapitulation auf. Daß die Vereinigten Staaten die bedingungslose Kapitulation
verlangten, „sollte dem russischen Verbündeten beweisen, daß Amerika nicht
die Absicht hatte, einen Separatfrieden zu schließen". Doch das beiderseitige
Mißtrauen sei immer wiedergekommen, schreibt Backer: Ein Beispiel dafür
sei die beleidigende Note Stalins an den Präsidenten Roosevelt gewesen, „mit
der die Sowjetunion die Vereinigten Staaten des Verrats bezichtigte, weil sie
1945 über die Kapitulation der deutschen Streitkräfte in Italien in Verhandlungen eingetreten waren"[20]. In Wirklichkeit handelte es sich um eine rein
militärische Kapitulation, wie sie z.B. die Sowjets bei Stalingrad vorexerziert
hatten. Auf deutscher Seite allerdings bestand ein solcher Plan, der weit in
den Krieg hinein zurückreicht und mit zahlreichen Versuchen zusammenhängt,
eine Kooperation mit den Amerikanern nach der militärischen Niederlage
einzuleiten.

In erster Linie beschäftigte sich Gehlen mit der Frage, ob ein Widerstand in
einem besetzten Gebiet möglich ist. Er hatte 1943 die Akten der polnischen
„Armia Krajowa" studiert, die ihm in die Hände gefallen waren, und kam zu
dem Schluß, daß im Untergrund ein Widerstand auf die Dauer nicht möglich
sei. Deshalb erwog er die Möglichkeit, den Alliierten sämtliche Unterlagen
über das russische Heer in die Hände zu spielen, um ihnen die Gefährlichkeit
ihres eigenen Verbündeten vor Augen zu führen und zu versuchen, „einen
Sonderfrieden zu schließen"[21]. Aber auch auf amerikanischer Seite tauchte,
unabhängig von deutschen Ideen, der Gedanke auf, deutsche Offiziere für die
amerikanische Kriegführung zu nutzen. Es sollten im November 1944 Kontakte
zu kriegsmüden deutschen Frontbefehlshabern aufgenommen werden, um sie
zur Kapitulation zu bewegen. Die Idee kam von einem Berater des in Bern
residierenden US-Geheimdienstlers Allen W. Dulles, dem Deutschamerikaner
Gero von Gaevernitz. Besonders aktiv wurde auf diesem Gebiet der amerikanische Brigadegeneral Edwin L. Sibert, der ein Komitee deutscher Offiziere
bilden wollte. Er geriet aber während der deutschen Ardennenoffensive so in
die Schußlinie offizieller Kritik, daß gegen ihn eine Untersuchung eingeleitet
wurde[22].

Auf der sowjetischen Seite wurde, zeitlich synchronisiert mit der Berlin-
Offensive, die Ulbricht-Gruppe ins Spiel gebracht. Walter Ulbricht kommen-

---

[19]   Vgl. Rexin, Manfred (Hrsg.): Die unheilige Allianz. Reinbek 1964, S. 380 f.

[20]   Backer, John B.: Die deutschen Jahre des Generals Clay. München 1982, S. 49.

[21]   Vgl. Gehlen, Reinhard: Der Dienst. Mainz/Wiesbaden 1971, S. 125 f.; und Zolling, Hermann / Höhne, Heinz: Pullach intern. Hamburg 1971, S. 103 f.

[22]   Zolling / Höhne, S. 104.

tierte es 1960 in einer Rede so: „Unser Vorteil bestand darin, daß wir gut vorbereitet waren. In unserer Parteiführung war schon zur Zeit, als die Sowjettruppen die Weichsel überschritten hatten, eine Kommission gebildet worden zur Ausarbeitung der ersten Maßnahmen . . . "[23]. In seinem Referat vor dem Nationalkomitee „Freies Deutschland" am 16./17. Januar 1945 in Moskau deutete er Gebietsverluste für Deutschland nach dem Kriege an, meinte aber, daß Deutschland nicht zerstückelt würde. Wenn aber der Krieg bis zur Spree gehe, dann sei jede zentrale Leitung unmöglich[24]. Was Ulbricht andeutete, war, daß im Moskauer Exil Pläne für Deutschland nach dem Kriege erörtert worden sind: Seine Worte beziehen sich auf die Gespräche Wilhelm Piecks mit dem Generalsekretär der Kommunistischen Internationale, Dimitrov, von Anfang 1944. Man hat daraufhin am 6. Februar 1944 eine Arbeitskommission zu diesem Zweck gebildet, die bis zum 21. August 1944 achtzehn Sitzungen abgehalten hat. Aus Rücksicht auf Verhandlungen mit den Alliierten über die künftige Organisation der Vereinten Nationen in Dumbarton Oaks wurde die Arbeit der Experten in Moskau unterbrochen, bis sie am 4. Januar 1945 hastig wieder aufgenommen wurde[25].

Im allgemeinen wird die Meinung vertreten, daß die sowjetische Deutschlandpolitik um diese Zeit noch keine festen Konturen hatte und die Möglichkeit bestanden habe, sich jeder politischen Lage anzupassen[26]. Die Potsdamer Konferenz der Alliierten vom 17. Juli bis 2. August 1945 hat einen allgemeinen Plan zur Umgestaltung Deutschlands angenommen und die Frage der Grenzen bis zum Friedensvertrag zurückgestellt. Die Westmächte nahmen die von den Sowjets geschaffenen Tatsachen in den deutschen Ostgebieten hin und billigten, daß die Gebiete östlich von Oder und Neiße unter die Verwaltung des polnischen Staates kamen.

Einen gewissen Einschnitt in der sowjetischen Deutschlandpolitik bedeutete die Rede Molotovs auf der Außenministerkonferenz im Juli 1946 in Paris, die propagandistische Zwecke verfolgte und zur amerikanischen Reaktion in der Rede von Byrnes am 6. September 1946 in Stuttgart führte. Aber erst ein Jahr später kam die amerikanische Regierung zu der Ansicht, daß eine gemeinsame Politik wegen sowjetischer Obstruktion in Deutschland nicht mehr möglich sei. Die Machtübernahme durch die Sowjets in Prag schuf eine neue Lage: Jetzt war die Sowjetunion der Gegner, und das offizielle politische Ziel der USA war die Schaffung eines starken Westdeutschland als Bollwerk gegen den Kommunismus[27].

---

23   Ulbricht, Walter: Zur Geschichte der deutschen Arbeiterbewegung, Bd. II: Zusatzband. Berlin (Ost) 1966, S. 210.

24   Ebd., S. 202.

25   Vgl. hierzu Laschitza, Horst: Kämpferische Demokratie gegen Faschismus, Berlin (Ost) 1969, S. 89-95.

26   Vgl. Weber, Hermann: DDR – Grundriß der Geschichte 1945-1976. Hannover 1976, S. 20.

27   Backer, S. 253.

Stalin rechnete damit, daß zusammen mit schweren ökonomischen Krisen in Westeuropa die Bedingungen für ein politisches Übergewicht der Kommunisten in Italien, Frankreich und Deutschland herangereift seien. Er kalkulierte damit, daß die Amerikaner sich bald aus Europa zurückziehen würden, was die Lage der Sowjetunion in dieser Region erheblich verstärkt hätte. Nach Meinung interner Beobachter schloß Stalin einen Krieg nicht aus. Vor diesem Hintergrund ist die Gründung des COMECON auf der Januarkonferenz 1949 zu sehen. Stalin sprach auf der Eröffnungssitzung der neuen Organisationen eine größere Rolle als der alten Komintern zu. Die Zusammenfassung aller Kräfte und Ressourcen sollte eine günstige revolutionäre Lage in Europa schaffen und die USA isolieren. Das COMECON entstand in dieser kritischen Phase des Kalten Krieges als eine Art Gefechtsstab der sowjetischen Führung[28].

Die besondere Rolle der DDR in der sowjetischen Politik kam darin zum Ausdruck, daß die DDR nach ihrer Gründung am 7. Oktober 1949 noch vor der Übertragung der staatlichen Souveränität durch die Sowjetunion vom 25. März 1954 in den Rat für Gegenseitige Wirtschaftshilfe (COMECON) aufgenommen wurde. Das COMECON wurde am 18. Januar 1949 in Moskau gegründet, die DDR trat ihm am 28. September 1950 bei.

Im sowjetischen Paktsystem besaß die DDR immer noch den Status eines Besatzungsgebietes. Die sich abzeichnende Konfrontation zwischen Ost und West griff sehr schnell auf die deutsche Frage über. So wurde die erste mehrseitige Konferenz über Deutschland von den osteuropäischen Ländern im Februar 1948 in Prag durchgeführt. Die nächsten Treffen dieser Art fanden im Juni 1948 in Warschau und im Oktober 1950 in Prag unter Beteiligung der DDR statt. Unter der Formel „Europäische Sicherheit" wurde die DDR allmählich ein wichtiger Faktor der sowjetischen Politik. Mit dem forcierten Ausbau der allgemeinen Volkspolizei und der kasernierten Einheiten wurden 1952 Grundlagen für den Aufbau der militärischen Streitkräfte aller Waffengattungen gelegt. Vor diesem Hintergrund wird von einigen Historikern die berühmte Note der Sowjets vom 10. März 1952 gesehen, die nicht so sehr die Verhinderung der Bewaffnung in Westdeutschland oder die Neutralisierung im Auge hatte, sondern vielmehr einen Schritt auf dem Wege zur Aufstellung der „Nationalen Volksarmee" bedeutete. Mit der Militarisierung in der DDR sollte der Status quo in Deutschland verfestigt und ein psychologischer Entlastungsversuch gestartet werden. Die Deutschland-Note sollte eigene Pläne verschleiern und bewirkte damit eine „Alibifunktion", nämlich die Verantwortung für die Spaltung Deutschlands der westlichen Seite zuzuschieben. Auf alle Fälle brachte die Note das Thema „deutsche Streitkräfte" auf den Verhandlungstisch, und das in einer Zeit, in der psychologisch das deutsche Militär für alle Europäer ein Reizwort war[29].

---

28 Vgl. Kaplan, Karel: Der kurze Marsch. München 1981, S. 95. Auch General Clay rechnete 1947/48 mit einem Krieg: Backer, S. 253.

29 Vgl. hierzu Schwarz, Hans-Peter (Hrsg.): Die Legende von der verpaßten Gelegen-

Den Wendepunkt markiert die Konferenz der Ostblockstaaten vom 29. November bis 3. Dezember 1954 in Moskau über kollektive Sicherheit in Europa unter Beteiligung der DDR. Schon am 19. November 1954 stimmte Grotewohl in seiner Regierungserklärung dem Vorschlag zu und kündigte zum erstenmal einen eigenen militärischen Beitrag an. Am 30. November 1954 umriß er in Moskau das politische Programm seiner Regierung und erwähnte die Aufstellung eigener Streitkräfte der DDR, die vor allem zusammen mit Polen und der Tschechoslowakei die „sozialistischen Errungenschaften" der DDR schützen sollten. In der Folgezeit wurden mehrere Konferenzen durchgeführt, die als Vorläufer der mehrseitigen Konsultationen des Warschauer Paktes angesehen werden. Die nächste wurde Ende Dezember nach Prag einberufen, ferner konferierten im März 1955 die Außenminister Polens und der DDR.

Voraussetzung für die Einbeziehung der DDR in den Warschauer Pakt war die Beendigung des Kriegszustandes mit Deutschland. Nachdem die UdSSR am 25. Januar 1955 mit entsprechendem Erlaß des Obersten Sowjets den Krieg für beendet erklärt hatte, kündigte auch Polen einen ähnlichen Schritt an, der am 18. Februar 1955 durch den Staatsrat vollzogen wurde. Mit diesen Maßnahmen wurde die DDR in die Lage versetzt, nunmehr völkerrechtliche Vereinbarungen über militärische Zusammenarbeit zu treffen. So hat sich am 21. Februar 1955 die Regierung der DDR bereit erklärt, „mit der durch den deutschen Militarismus besonders bedrohten Volksrepublik Polen und der Tschechoslowakischen Republik gemeinsame Maßnahmen zur Verteidigung ihrer friedlichen Zukunft zu vereinbaren"[30].

IV. Die Aufnahme der DDR in den Warschauer Pakt

Die Gründungskonferenz fand in Warschau vom 11. bis 14. Mai 1955 statt. Ähnlich wie bei ihrer Aufnahme in das COMECON gab Grotewohl bei der Unterzeichnung des Vertrages eine Erklärung über die gesamtdeutsche Option ab: Die Regierung der DDR gehe „davon aus, daß das wiedervereinigte Deutschland von den Verpflichtungen frei sein wird, die ein Teil Deutschlands in militärpolitischen Verträgen und Abkommen, die vor der Wiedervereinigung abgeschlossen wurden, eingegangen ist"[31]. Der Beitritt der DDR erfolgte zu einem Zeitpunkt, als die DDR noch nicht über eigene Streitkräfte verfügte.

---

heit. Stuttgart/Zürich 1982, insbesondere den Diskussionsbeitrag von Wilhelm Grewe, S. 43. Grewe bezieht sich auf den Artikel von Graml, Hermann: Die Legende von der verpaßten Gelegenheit, in: Vierteljahrshefte für Zeitgeschichte, 29. Jg. (1981), S. 307-341.

30 Vgl. Mosler, Hermann / Doehring, Karl: Die Beendigung des Kriegszustands mit Deutschland nach dem Zweiten Weltkrieg. Köln/Berlin 1963, S. 412.

31 Beziehungen DDR-UdSSR 1949-1955. Dokumentensammlung, 2. Halbbd. Berlin (Ost) 1975, S. 918.

Erst mit der Änderung ihrer Verfassung vom 26. September 1955 und dem
„Gesetz über die Schaffung der Nationalen Volksarmee und des Ministeriums
für Nationale Verteidigung" wurden die formellen Grundlagen für ihre Teilnahme am Warschauer Pakt geschaffen[32]. Die erste Tagung des Politischen
Beratenden Ausschusses am 27. und 28. Januar 1956 in Prag beschloß, daß die
Truppenkontingente der DDR nach ihrer Aufstellung in die Vereinigten Streitkräfte eingegliedert werden.

Nur die Truppen der DDR wurden ganz dem Warschauer Pakt unterstellt;
die anderen Mitglieder des Paktes stellten nur nationale Kontingente dem Vereinten Kommando zur Verfügung. Obwohl die Sowjets 1955 nach der Genfer
Konferenz der Großmächte zur Zwei-Staaten-Theorie in Deutschland über-
gingen, wurde die DDR zuerst in die Organisation des allgemeinen Völkerrechts
einbezogen, nicht — wie bereits erwähnt — in die bilateralen Bündnisse auf der
Grundlage der Feindstaatenklauseln. Eine Diskussion darüber ist in der DDR
nach dem Abschluß des sog. Staatsvertrages vom 20. September 1955 mit der
UdSSR in Gang gekommen. Sie fand keine Unterstützung in Moskau. Erst
mit dem sog. Freundschaftsvertrag von 1964 und nach der Krise um Berlin
hat man die DDR auch in das bilaterale Allianznetz des Ostblocks einbezogen.
Doch nach wie vor hat die NVA eine einzigartige Stellung innerhalb des Warschauer Paktes: Sie ist die einzige Armee ohne Nation.

Die Sonderstellung der DDR schlug sich in der Fassung der Bestimmung
über den Bündnisfall nieder. Art. 4 wurde in vier Sprachen — in russischer,
polnischer, tschechischer und deutscher — abgefaßt, wobei nach der Formulierung der ersten drei Sprachen jeder Teilnehmer dem Opfer einer Aggression
„Beistand mit allen Mitteln, die ihm erforderlich scheinen", zu leisten hat.
Dagegen verpflichtet der deutsche Text „zum sofortigen Beistand individuell
und in Vereinbarung mit den anderen Teilnehmerstaaten des Vertrages mit
allen Mitteln, die ihnen erforderlich scheinen"[33]. Danach würden der ange-
griffene bzw. die anderen Staaten die Art, das Ausmaß und die Richtung des
Beistands der DDR in eigener Verantwortung bestimmen, während über den
Beistand zugunsten der DDR jeder einzelne Vertragsstaat allein zu befinden
hat. Die deutsche Frage ließ es ratsam erscheinen, den Beistand im Warschauer
Pakt elastisch zu konstruieren.

Ursprünglich sollte der Warschauer Pakt ein zwischenstaatliches Forum für
mehrseitige Konsultationen und politische Entscheidungen in Sicherheitsfragen
werden, mit denen die deutsche Frage nach wie vor eng verknüpft ist. So fand
die bisherige Praxis der Konferenzen seit 1948 ihren rechtlichen Niederschlag
in Art. 3 des Warschauer Paktes: Die Vertragsstaaten „werden sich in allen
wichtigen internationalen Fragen, die ihre gemeinsamen Interessen berühren,

---

[32] GBl. DDR 1955, T. I, S. 81.
[33] Vgl. Meissner, Boris (Hrsg.): Der Warschauer Pakt. Köln 1961, S. 40-48.

beraten". Wie es sowjetische Politiker formulieren, ist der Warschauer Pakt und das COMECON das Koordinierungszentrum der Außenpolitik der osteuropäischen Staaten.

Die Einbeziehung der DDR in den Warschauer Pakt scheint die These zu widerlegen, daß die Gründung eigener Militärorganisationen deshalb notwendig wurde, weil nach dem Abschluß des österreichischen Staatsvertrages am 15. Mai 1955 die völkerrechtliche Grundlage für die Anwesenheit der sowjetischen Streitkräfte in Ost- und Südosteuropa weggefallen wäre. Nichts hätte die UdSSR daran hindern können, solche Stationierungsverträge auch nach dem 15. Mai 1955 abzuschließen. Im übrigen ist nicht die Organisation des Warschauer Paktes als solche, sondern die UdSSR mit den betreffenden Staaten Vertragsseite der Truppenverträge, im Unterschied etwa zur NATO. Der Warschauer Pakt ist eine Koalitionsarmee klassischen Typs, was nicht besagen soll, daß die Sowjetunion politisch und militärisch nicht eine besondere Position einnimmt. Die hier vertretene Auffassung wird noch durch die Tatsache gestützt, daß die ersten Verträge über die Stationierung der sowjetischen Truppen erst nach den revolutionären Ereignissen in Ungarn unterzeichnet worden sind. Hätte der Warschauer Pakt allein die Rechtsgrundlage für die Stationierung der sowjetischen Truppen in den Mitgliedsländern des Paktes abgegeben, so hätte sich das bilaterale Verfahren zur Truppendislozierung erübrigt.

Die Stellung der sowjetischen Streitkräfte in der DDR und in Polen beruht auf dem Potsdamer Abkommen. In der sowjetischen Grundsatzerklärung vom 30. Oktober 1956 und in der polnisch-sowjetischen Verlautbarung vom 18. November 1956 heißt es: „In der Volksrepublik Polen befinden sich sowjetische Militäreinheiten gemäß dem Potsdamer Viermächte-Abkommen und dem Warschauer Vertrag." Das Verbleiben der Truppen in Polen hänge „mit der Notwendigkeit des Verbleibens sowjetischer Truppen in Deutschland auf Grund internationaler Verträge und Abkommen" zusammen.

Die DDR wurde zuerst in den Warschauer Pakt und ab den 60er Jahren in das bilaterale Bündnis der UdSSR einbezogen. Darin spiegelt sich ihre politische Entwicklung wider. Die Doppelfunktion der Bündnisse trat schon vor dem Kriege deutlich hervor. Einerseits dienten sie der Abwehr eines möglichen Angriffes auf die Vertragspartner, andererseits festigten sie stets den politischen und territorialen Status quo. Die modernen Allianzen nehmen die Form von Staatenblöcken an, in denen die Beziehungen kleinerer Länder zu einem politischen Schwerpunkt bestimmt wird. Solche Gravitationszentren haben sich nach dem Zweiten Weltkrieg in der Sowjetunion und in den Vereinigten Staaten von Amerika herausgebildet.

Man pflegt heute zu sagen, daß außerhalb der Bündnisse, Allianzen, Staatengruppierungen und sonstigen Gemeinschaften eine selbständige Politik in Europa nicht möglich sei. Unter diesem Gesichtspunkt wären die Voraussetzungen, die zur Aufnahme der DDR in den Warschauer Pakt geführt haben, dieselben wie bei der Lösung der deutschen Frage, d.h. bei ihrer „Europäisierung" im Rahmen der Bündnisse.

Norbert Wiggershaus

AUSSENPOLITISCHE VORAUSSETZUNGEN FÜR DEN WESTDEUTSCHEN VERTEIDIGUNGSBEITRAG

Bereits aus der politischen Einfügung Westdeutschlands in Containment-Politik und Bündnis des Westens ergab sich gleichsam zwingend auch langfristig die Wahrscheinlichkeit der militärischen Mitarbeit in der atlantischen Allianz. Doch erschien trotz des Kräftegefälles zwischen Ost und West auf dem konventionellen Gebiet militärisch eine Aufstellung deutscher Streitkräfte zunächst nicht erforderlich. Und als das 1949 absehbare atomare Patt zwischen den beiden Weltmächten im Westen eine allgemeine konventionelle Aufrüstung nahelegte, verhinderten die nach wie vor im westlichen Ausland lebendigen historischen Ressentiments trotz inzwischen sehr breiter öffentlicher Debatte über einen westdeutschen Militärbeitrag eine offizielle Beratung der brisanten Frage durch die alliierten Regierungen. Da bewirkte der Korea-Schock Ende Juni 1950 eine nicht voraussehbare, rasche prinzipielle Entscheidung für einen begrenzten und kontrollierten westdeutschen Militärbeitrag im Rahmen einer Verteidigungsstreitmacht für Westeuropa[1].

Es ist nicht von der Hand zu weisen, daß die durch den Kriegsausbruch in Ostasien heraufbeschworene weltpolitische Krise die international-militärischen und sicherheitspolitischen Voraussetzungen für einen westdeutschen Verteidigungsbeitrag weit in den Vordergrund rückte. Doch spielten immer auch andere Voraussetzungen mit, insbesondere solche bündnispolitischer, wirtschaftlicher und politisch-psychologischer Art. Sie bildeten ein Geflecht einander bedingender und sich wechselseitig beeinflussender Faktoren.

In einem ersten Teil dieses Beitrages sollen diese Voraussetzungen systematisch vorgestellt werden; in einem zweiten Teil wird ihre Wirksamkeit im Entscheidungsprozeß bzw. ihr Niederschlag in den Vorschlägen und Vereinbarungen für einen westdeutschen Verteidigungsbeitrag im Herbst 1950 aufgezeigt werden.

---

[1] Wiggershaus, Norbert: Die Entscheidung für einen westdeutschen Verteidigungsbeitrag 1950, in: Anfänge westdeutscher Sicherheitspolitik 1945-1956, Bd. 1: Von der Kapitulation bis zum Pleven-Plan. Hrsg. vom Militärgeschichtlichen Forschungsamt. München/Wien 1982, S. 325-402.

I.

Der Ost-West-Konflikt, die Teilung der Welt in zwei antagonistische Blöcke mit dem Bestreben der Westmächte, die sowjetische Macht- und Einflußsphäre zu begrenzen, klang als eine Art Generalvoraussetzung für einen westdeutschen Militärbeitrag bereits an. Denn es war folgerichtig, in der Auseinandersetzung der Blöcke und Systeme Westdeutschland nicht mehr als Gegner zu behandeln, sondern sich als Partner zu versichern mit der langfristigen Perspektive einer auch militärischen Integration in die westliche Allianz. Eine westdeutsche Aufrüstung im Rahmen der westlichen Abwehrfront würde in positiver Rückwirkung — so Erwartungen westlicher Politiker — die Bundesrepublik endgültig an den Westen binden und der Sowjetunion das militärische, wirtschaftliche und politische Potential Westdeutschlands vorenthalten. Mehr noch: Angesichts möglicher Versuchungen in Form einer Neutralitätspolitik oder einer Mittlerrolle sowie angesichts einer die außenpolitische Ostorientierung nicht ausschließenden Wiedervereinigungsoption der Westdeutschen mochte die militärische Integration als stärkste politische Klammer sogar vonnöten sein, um die Einbindung der Bundesrepublik Deutschland in das westliche Lager permanent zu sichern. Ähnliche Rückwirkungen und Impulse durch die militärische Einbeziehung der Bundesrepublik in das westliche Verteidigungssystem erhofften nicht wenige Beobachter für eine Förderung der politischen Integration Europas. Ohne diese langfristigen, prinzipiellen politischen Interessen und Perspektiven, die in der zeitgenössischen Debatte genannt oder ungenannt immer mitschwangen, ließ sich ein westdeutscher Verteidigungsbeitrag nicht denken[2].

Die mit der Ein- und Anbindung durch den Westen korrespondierende Voraussetzung auf deutscher Seite war durch den Grundkonsens der außen- und gesellschaftspolitischen Orientierungen markiert sowie durch die praktische Bonner Politik einer konsequenten, zweifelsfreien Westintegration unter Verzicht auf jede Schaukelpolitik zwischen West und Ost und unter besonderer Betonung der Aussöhnung mit Frankreich.

Als eine nicht zu unterschätzende Voraussetzung muß die offensichtliche, durch den Weltkrieg hervorgerufene finanzielle und wirtschaftliche Schwäche der westeuropäischen NATO-Länder gelten. Wir erinnern uns, daß Westdeutschland ab 1947/48 gerade auch deshalb in das Marshallplan-System einbezogen worden war, weil die westdeutsche Wirtschaft für eine wirtschaftliche Erholung Westeuropas unerläßlich erschien. Kräftezehrende außereuropäische Engagements der Franzosen in Indochina, der Briten in Malaya und (bis Ende 1949) der Niederländer in Niederländisch-Indien hatten die wirtschaftlichen Sorgen

---

2 Hierzu und zum folgenden Wiggershaus, Norbert: Zum alliierten Pro und Contra eines westdeutschen Militärbeitrages, in: Militärgeschichte. Probleme – Thesen – Wege. Im Auftrag des Militärgeschichtlichen Forschungsamtes aus Anlaß des 25jährigen Bestehens ausgewählt und zusammengestellt von Manfred Messerschmidt u.a. Stuttgart 1982, S. 436-451.

in Westeuropa noch vergrößert. Diese Situation schien keine allzu großen, jedenfalls keine ausreichenden Anstrengungen für eine Verstärkung der europäischen Sicherheit zu erlauben, selbst unter Berücksichtigung erwarteter amerikanischer Rüstungs- und Finanzhilfe. Daher wurde die Nutzung der westdeutschen Möglichkeiten nicht nur im Sinne einer breiten und damit gerechten Lastenverteilung und nicht allein im Hinblick auf Rüstungsfragen, sondern vornehmlich unter allgemein-wirtschaftlichen Aspekten als notwendig für eine erfolgversprechende Verteidigung eingestuft. Dabei verknüpften sich wirtschaftliche und militärische Aspekte der Einbeziehung der Bundesrepublik in die westliche Verteidigungsfront mit der Feststellung, ohne westdeutsche Streitkräfte sei das für Westeuropa lebenswichtige Industriepotential nicht vor dem Zugriff des Ostens zu halten. In der Nähe dieses − in einem weiten Sinne wirtschaftlichen − Angewiesenseins auf eine westdeutsche Mitwirkung an der Sicherung Westeuropas waren verwandte Faktoren angesiedelt, die diese generelle Überzeugung bestärkten.

Auf lange Sicht mußte es auch als ungerecht angesehen werden, daß Westdeutschland zwar einerseits Nutznießer alliierter Sicherheitsanstrengungen war, andererseits − bei einem fehlenden eigenen Verteidigungsbudget − wirtschaftlich und außenhandelspolitisch von dieser Abstinenz profitierte. Außerdem eröffnete der unumgängliche Rüstungsexport nach Deutschland gute Chancen für eine Verbesserung der alliierten Außenhandelsbilanzen.

Eine besonders anschauliche Voraussetzung für die Aufstellung westdeutscher Verteidigungskräfte war fraglos die Befürchtung äußerer Bedrohung angesichts des militärischen Ungleichgewichts zwischen Ost und West vor allem in Europa und angesichts einer nicht von vornherein auszuschließenden Angriffsabsicht des potentiellen sowjetischen Gegners.

Nach militärischem Urteil lagen das sowjetische Übergewicht bei den konventionellen Waffen und Streitkräften und damit die sowjetische Angriffsfähigkeit offen zutage. Angesichts einer Friedensstärke der Roten Armee von 175 Kampfdivisionen und einer Präsenz von 22 Kampfdivisionen allein zwischen Elbe und Oder, denen in ganz Westeuropa nur 12 oder 13 kampfbereite Verbände der Westmächte gegenüberstanden, boten sich einem sowjetischen Angriff nämlich nahezu alle Ziele offen an. Westliche strategische Überlegungen und Planungen über eine Verteidigung am Rhein bzw. gar an den Pyrenäen illustrierten diese Situation hinlänglich[3].

Die militärischen Fähigkeiten des potentiellen Gegners mußten im Westen als überaus bedrohlich erscheinen, auch wenn unmittelbare expansive Absichten nicht zu erkennen waren. Aber angesichts der machtpolitischen Entfaltung der Sowjetunion in ihrem osteuropäischen Einflußbereich, die ihr Verlangen

---

[3] Greiner, Christian: Die alliierten militärstrategischen Planungen zur Verteidigung Westeuropas 1947-1950, in: Anfänge westdeutscher Sicherheitspolitik, S. 119-323.

nach Sicherheit und ihr Argument der defensiven Sicherung diskreditierte, trauten viele westliche Politiker und Militärs der Kremlführung auch zu, daß sie ihr Potential zu einem für sie günstigen Zeitpunkt offensiv einsetzen würde.

Gewiß erhebt sich kein Widerspruch bei der Feststellung, daß im Bereich des Psychologischen verankerte, in den Erfahrungen mit deutscher Machtpolitik begründete Überlegungen mit dem Ziel der Kontrolle und Begrenzung eines westdeutschen Verteidigungsbeitrages zu den sensibelsten gehörten. Wir können diesen Sachverhalt auch deshalb ohne Schwierigkeiten nachvollziehen, weil entsprechende Haltungen und Stimmungen im verbündeten Ausland bis heute lebendig sind.

Auch noch bei Gründung der beiden Staaten in Deutschland zielte die Politik der Siegermächte darauf ab, Deutschland ein für allemal als einen möglichen Gefahrenherd auszuschalten. Daher schirmten die Westmächte die Bundesrepublik Deutschland trotz beginnender politischer und wirtschaftlicher Integration in die westliche Völkergemeinschaft zunächst erheblich nach außen ab, schränkten sie nachhaltig in ihrer wirtschaftlichen Entwicklung ein und unterwarfen sie einem ausgeklügelten technischen Kontrollsystem.

Als ein westdeutscher Verteidigungsbeitrag in das Blickfeld rückte, mußte das Problem der Kontrolle konsequenterweise neu überdacht werden. Es gab keine Zweifel, daß eine militärische Stärkung des Westens durch Deutschland eine Verstärkung der Kontrolle über Westdeutschland erforderte, vor allem als dann 1950 sehr viel früher als allgemein erwartet die entsprechende Entscheidung fiel und keine Zeit blieb für eine geruhsame Entwicklung und Reifung Westdeutschlands zu einem geachteten, von „Defekten" befreiten, politisch, auch ordnungspolitisch, und wirtschaftlich eingebundenen Partner und zu einem vorbehaltlos akzeptierten Verbündeten[4].

Die Erörterung möglicher Formen für eine militärische Nutzung des westdeutschen Potentials stand somit zwangsläufig auch unter dem leitenden Gesichtspunkt, Vorkehrungen gegen eine erneute Gefährdung des Friedens durch Deutschland einzubauen. Eine nationale Wehrmacht unter selbständigem Oberbefehl und eine eigene deutsche Rüstungsproduktion waren zu unterbinden. Dementsprechend zielten die Vorschläge einmal auf deutsche Verbände bzw. ein deutsches Kontingent in einer internationalen Armee, zum anderen aber auch auf die Möglichkeit, Söldner zu gewinnen, sowie schließlich auf einen finanziellen und wirtschaftlichen Beitrag zur gemeinsamen Verteidigung.

Solange ein deutscher Verteidigungsbeitrag noch nicht konkret ins Auge gefaßt wurde, fehlten naturgemäß präzise Entwürfe für die Kontrollmechanis-

---

4   Zum psychologischen Aspekt der Kontrolle vgl. Wiggershaus, Norbert: Überlegungen und Pläne für eine militärische Integration Westdeutschlands 1948-1952, in: Foschepoth, Josef (Hrsg.): Kalter Krieg und Deutsche Frage. Deutschland im Widerstreit der Mächte 1945-1952. Göttingen/Zürich 1985, S. 314-334.

men. Dennoch war der Gesichtspunkt, einer deutschen Kontingentarmee das Bedrohliche nehmen zu müssen, selbst bei den vagen Anstößen und allgemein gehaltenen Forderungen vor dem Ausbruch des Korea-Krieges, ausgesprochen oder unausgesprochen gegenwärtig. So wollte der britische Oppositionsführer Winston S. Churchill im März 1950 die Bundesrepublik Deutschland im Rahmen eines „kombinierten Systems" an der Verteidigung des Westens beteiligen. Die westeuropäischen Sorgen vor einem neuen deutschen Militarismus schlugen auch auf die – vom State Department blockierten – Pläne des amerikanischen Verteidigungsministeriums für eine Eingliederung westdeutscher Divisionen in die NATO vom Frühjahr 1950 durch, denn hierbei war eine enge Überwachung und Führung durch den Atlantikpakt anvisiert. Ausdruck einer langfristigen französischen Sicherheitskonzeption ist die Initiative für die Montanunion vom Mai 1950. In Erwartung einer auf lange Sicht nicht auszuschließenden Souveränität und auch militärischen Aufrüstung Westdeutschlands, auch um daraus keine neue Gefahr werden zu lassen, sollten die wichtigsten Ressourcen der Bundesrepublik mit Hilfe des Schuman-Plans für eine gemeinsame westeuropäische Nutzung von Kohle und Stahl dauerhaft politisch-wirtschaftlich im Westen verankert und kontrolliert werden. Damit schien zugleich sichergestellt, daß die notwendige alliierte Aufrüstung vor der westdeutschen durchgeführt werden konnte – ein Gesichtspunkt, der speziell im Hinblick auf die Öffentlichkeit in den westeuropäischen Ländern später zum Tragen kommen sollte. Die Schaffung der Montanunion wurde rasch in Angriff genommen und bereits im April 1951 vertraglich fixiert, wie von Paris erwartet und gefordert vor Abschluß der laufenden deutsch-alliierten Verhandlungen über die Form des deutschen Verteidigungsbeitrages.

Der deutschen politischen Führung und ihren militärischen Beratern waren die aus der Geschichte herrührenden Hypotheken immer bewußt. Sie bestimmten wesentlich das Denken und Handeln. So pflichtete Bundeskanzler Adenauer früh dem Verzicht auf eine nationale deutsche Wehrmacht bei und legte sich auf ein deutsches Kontingent in einer internationalen bzw. supranationalen Armee fest. Auch seine militärischen Berater und andere Sachverständige wollten mehrheitlich auf eine nationale deutsche Wehrmacht verzichten und statt dessen Divisionen, Korps bzw. ein Kontingent in eine internationale Armee einbringen. Zu dieser bewußten Eingrenzung nationaler Eigenständigkeit traten ganz überwiegend maßvoll-angemessene, wirklichkeitsnahe Größenvorstellungen für den westdeutschen Beitrag sowie seine Unterstellung unter eine strategisch-operative Verantwortung des Bündnisses[5].

Wie die deutsche Seite alliierten Vorstellungen und Bedingungen entgegenkommen wollte, so nannte sie selbst einige essentielle Voraussetzungen für

---

[5] Vgl. Wiggershaus, Überlegungen und Pläne; sowie ders.: Zur Bewertung einer möglichen sicherheitspolitischen Rolle Westdeutschlands durch ehemalige deutsche Militärs 1947-1950, in: Westeuropäische Nationalstaaten und Europa im internationalen Staatensystem (erscheint 1986).

ihre Beteiligung an der Verteidigung Westeuropas. Auf politischem Feld war
es in erster Linie die völlige Gleichberechtigung, die seit 1949 als Grundlage
einer Verteidigungsleistung gefordert wurde, gefolgt von der Forderung nach
einer sofort wirksamen Absicherung einer westdeutschen Aufrüstung gegen
einen Übergriff aus dem sowjetisch beherrschten Raum.

Als unabdingbar erschien auch militärisch die prinzipielle Gleichberechtigung. Konkret hieß dies meist: gleichwertiger deutscher Beitrag zu einer internationalen Armee bestehend aus 10 bis 15 homogen deutschen Divisionen,
besser noch homogenen Korps; internationale Stäbe mit deutscher Beteiligung
unter alliiertem Oberkommando; Zuteilung von Luftwaffenverbänden und,
ein zentraler Punkt, moderne Bewaffnung und Ausrüstung. Die Erfüllung dieser
letzten Forderung sollte garantieren, daß westdeutsche Truppen nicht zum
„Kanonenfutter" würden. Im übrigen erkannte man, daß mit einer Konzeption
„zweitklassiger" deutscher Streitkräfte der Verteidigungsbeitrag weder innenpolitisch durchzusetzen war, noch außenpolitisch so die Gleichberechtigung
gewonnen werden konnte.

Innenpolitisch bildeten die „Kriegsverbrecher"-Problematik und die pauschale Diffamierung des deutschen Soldaten im Ausland ein politisch-psycho-
logisches Problem. Mit der Erwartung befriedigender Erklärungen wurden
alliierte Gesprächspartner früh konfrontiert.

Trotz einer teilweise offenen Erörterung solcher Voraussetzungen und
Bedingungen für einen westdeutschen Verteidigungsbeitrag, auch trotz einer
schon relativ breiten öffentlichen Befürwortung im westlichen Ausland und
trotz mancher Voraussage einer späteren unumgänglichen Aufrüstung in Westdeutschland war die Zeit für eine offizielle Diskussion der Frage zwischen den
drei Besatzungsmächten vor Ausbruch des Korea-Krieges noch nicht reif.
Grundsätzlich bestand noch die Überzeugung, daß die Zustimmung für ein
deutsches Militär, in welcher Form auch immer, vor allem in Frankreich politisch noch nicht durchsetzbar sei. Unausgesprochen akzeptierten die Regierungen in Washington und London, die für eine parlamentarische Behandlung
der Frage im eigenen Land geringere Schwierigkeiten erwarteten, daß Frankreich, das nicht nur von den westlichen Nachbarn Deutschlands am stärksten
unter dem „Dritten Reich" gelitten hatte, sondern auch innenpolitischen Krisen
ausgesetzt war, Startzeitpunkt und Geschwindigkeit der Entwicklung Westdeutschlands zum militärischen Partner maßgeblich bestimmte. Eine zeitliche
Prognose dafür wagte niemand zu treffen.

Geht man davon aus, daß die etwa 12 in Westeuropa vorhandenen Divisionen unter nationalem Oberbefehl unter gar keinen Umständen als ein beruhi-
gendes Korrelat für westdeutsche Truppen in einer effizienten Größenordnung
betrachtet wurden und somit vor Rekrutierung deutscher Soldaten zumindest
eine merklich ins Gewicht fallende Vermehrung der westeuropäischen Ver-

bände, möglichst auch schon eine gemeinsame Armee als Korsett für den deutschen Beitrag durchgesetzt und verwirklicht werden mußte, dann wird vollends klar, wie weit die politische Situation von einer Entscheidung für westdeutsche Truppen entfernt war, zumal die Mitgliedstaaten der NATO nicht einmal ansatzweise erkennen ließen, wann und mit welchem Tempo sie das im Frühjahr 1950 beschlossene Minimalprogramm von 30 präsenten Divisionen in Europa verwirklichen würden.

II.

In dieser Situation führte der Angriff Nordkoreas auf Südkorea am 25. Juni 1950 zu einer entscheidenden politischen Wende. Innerhalb der westlichen Regierungen bezweifelte niemand, daß für den Übergang vom „kalten" zum „heißen" Krieg die sowjetische Führung verantwortlich war. Der Angriff schien eingehende Analysen in den westlichen Hauptstädten zu bestätigen, die Moskau als aggressiv einschätzten — und zwar aggressiv aus machtpolitischen und ideologischen Gründen. Daher schloß man einen sowjetischen Angriff auf Westeuropa nach Erreichen des atomaren Patts ab 1952, spätestens 1955, nicht aus.

Ob die Sowjetunion den großen Krieg wollte, ist für das hier behandelte Thema nicht ausschlaggebend. Ein knappes Wort mag dennoch nützlich sein. Aufgrund der Quellenlage kann die Frage historisch nicht schlüssig beantwortet werden. Ich halte eine Kriegsabsicht für unwahrscheinlich. Es gibt im Gegenteil — zwar erst spät — erste Belege dafür, daß Moskau nach Ausbruch des Korea-Krieges selbst mit einem militärischen Vorgehen des Westens gerechnet hat. Für die Zeitgenossen war es gewiß außerordentlich schwer, die sowjetische Außenpolitik objektiv zu würdigen. Von deutscher administrativer Seite jedenfalls wurde ein defensives sowjetisches Sicherheitsbedürfnis erstmals Mitte der fünfziger Jahre in das politische Kalkül einbezogen [6].

Zurück zu der damaligen Bewertung: Die Analyse führte in der atlantischen Allianz zu drei einschneidenden, langfristig wirkenden Veränderungen: erstens zu der auf Europa konzentrierten allgemeinen konventionellen Aufrüstung im NATO-Bündnis, zweitens zu dem Auf- und Ausbau der nordatlantischen Verteidigungsorganisation bis hin zu einer halbintegrierten Verteidigungsgemeinschaft und schließlich zu der hier im Mittelpunkt der Überlegungen stehenden umstrittenen grundsätzlichen Entscheidung für einen westdeutschen Verteidigungsbeitrag im Herbst 1950. Der deutsche Verteidigungsbeitrag sollte in Europa eine westliche Streitkräftelücke in Höhe von 10 bis 12 Divisionen fül-

---

[6] Details und Differenzierungen bei Wiggershaus, Norbert: Bedrohungsvorstellungen Bundeskanzler Adenauers nach Ausbruch des Korea-Krieges, in: Militärgeschichtliche Mitteilungen, Heft 25, 1979, S. 79-122; ders., Entscheidung, S. 339-349.

len, so die strategische Lage der NATO verbessern und eine wirkungsvolle Vorneverteidigung ermöglichen. In dem schwierigen Entscheidungsprozeß für die Einbeziehung Westdeutschlands in die Verteidigung Westeuropas war die militärische Notwendigkeit das einleuchtende und ständig vorgetragene Argument, vor allem angesichts der erforderlichen Verschiebung der Verteidigungslinie vom Rhein nach Osten.

Neben den systematischen Analysen der Bedrohungskapazität durch die westlichen Regierungen war es insbesondere die durch den Kriegsausbruch in Korea jäh aufbrechende, sich zeitweise in Hamsterkäufen artikulierende allgemeine Kriegsfurcht in Europa, die als eine grundlegende Voraussetzung für die *frühe* Entscheidung hervorsticht, die Deutschen wieder zu bewaffnen. Denn dieser zurecht als umwälzend geltende Entschluß ließ sich nun – wie die weithin ungeliebte allgemeine Aufrüstung – in Öffentlichkeit und Parlamenten mit einem Schlage plausibel machen.

Infolge des Korea-Krieges begann auch eine der oben genannten Voraussetzungen für einen westdeutschen Verteidigungsbeitrag Gestalt anzunehmen, nämlich die Vermehrung der alliierten Truppen. Die nun revidierte Planung der NATO sah als mittelfristigen Streitkräftebedarf bis 1954 jetzt 32 (bisher 30) präsente Divisionen in Westeuropa vor. Diese Stärke mochte psychologisch als Gegengewicht gegen einen maßvollen westdeutschen Militärbeitrag ausreichen.

Bedeutsamer erscheint aber der Beschluß des NATO-Rates von Ende September 1950, eine integrierte Streitmacht für Westeuropa aufzustellen. Denn nun entstand ein übernationaler Streitkräfteverband, dem man auch deutsche Verbände an- und eingliedern konnte. Die in den folgenden Jahren unabhängig und unbehindert von dem parallel verfolgten Subsystem der EVG entstehende militärische Organisation der NATO bildete schließlich 1954/55 die Grundlage für die atlantische Lösung der westdeutschen Aufrüstung. Daß die übernationale Konzeption und der westdeutsche Verteidigungsbeitrag in der Diskussion immer als unauflösliche Komponenten galten, kennzeichnet das Problembewußtsein und die Struktur der Lösungsvorschläge.

Die Initiative für die Entscheidung, Westdeutschland aufzurüsten, ging von den Vereinigten Staaten aus. Auf den New Yorker Konferenzen der Außenminister der drei westlichen Großmächte und der NATO im September 1950 forderte Washington, nachdem eine deutsche Zustimmung vorlag, von den Verbündeten das Einverständnis zur Aufstellung westdeutscher Divisionen für eine atlantisch-europäische Verteidigungsstreitmacht für Westeuropa. Die Forderung stützte sich wesentlich auf die in einer Umfrage bei den Allianzpartnern erhärtete Überzeugung einer ohne Einbeziehung des deutschen Potentials immer noch unzureichenden Aufrüstung.

Freilich wurde das entscheidende Kriterium für die öffentliche Durchsetzung des deutschen Wehrbeitrages, das überzeugende und dauerhafte Verhindern einer eigenständigen deutschen militärischen Macht, in den Vereinigten Staaten noch unterschiedlich beurteilt. Die Vereinten Stabschefs hielten eine begrenzte und kontrollierte Bewaffnung Westdeutschlands im atlantischen Rahmen, die zwar keine nationale deutsche Wehrmacht, wohl aber nationale deutsche Verbände vorsah, für eine ausreichende Vorsorge gegen mögliche gefährliche Entwicklungen. Außerdem glaubten sie, eine sofortige, ohnehin in die allgemeine westliche Aufrüstung eingebundene Aufstellung westdeutscher Streitkräfte psychologisch nun riskieren zu dürfen[7].

Das mit europäischen und insbesondere französischen Ängsten besser vertraute State Department hielt hingegen eine supranationale, auf der Abgabe nationaler Souveränitätsrechte basierende Lösung der westdeutschen Bewaffnung unter dem Dach der NATO nach Schaffung integrativer Einrichtungen für eine unabdingbare Voraussetzung der benötigten französischen Zustimmung[8].

Von den vorgeschlagenen Lösungen setzte sich das Konzept der Militärs durch, allerdings wurde es nun eingebunden in ein Netz erheblicher, die französische Situation und Psyche berücksichtigender Angebote amerikanischer Sicherheitsleistungen für Westeuropa.

In kühler Berechnung der Abhängigkeit Europas und insbesondere Frankreichs von der amerikanischen Führungsmacht verknüpfte Washington seine Forderung nach deutschen Soldaten mit der Forderung nach einer westeuropäischen Aufrüstung und verschnürte diese mit attraktiven Angeboten amerikanischer Leistungen für die Sicherheit Westeuropas zu einem „single package", einem nur im Ganzen zu akzeptierenden oder zu verwerfenden Vorschlagspaket an die Partner. Die Angebote umfaßten die spürbare Verstärkung der militärischen Präsenz Amerikas in Europa, die Mitarbeit in einer europäischen Verteidigungsstreitmacht im Rahmen und unter der politischen und strategischen Führung der NATO, die Einrichtung eines Oberkommandierenden und eines Vereinten Generalstabes, die Effektivierung des „Military Production and Supply Board" der NATO und substantielle Finanzhilfen. Insbesondere mit dem Projekt einer verbesserten militärischen Präsenz kam Washington dem französischen Interesse der Sicherheit vor Deutschland entgegen. Vor allem aber die konkreten amerikanischen Vorschläge für den integrierten, kontrollierten und mannigfach begrenzten deutschen Beitrag verdeutlichten die Absicht, einem deutschen Mißbrauch des militärischen Instruments Siche-

7 National Archives and Records Service. Modern Military Branch, Washington D.C.: Record Group 218, U. S. Joint Chiefs of Staff, Geographic File 1948-1950, CCS 092 (5–4–49), Sec. 3, JCS 2124/11 vom 27.7.1950.
8 Foreign Relations of the United States (FRUS). Diplomatic Papers: 1950, Vol. IV, Washington, D.C., 1980, S. 211-219.

rungen vorzuschieben und somit möglichen französischen Einwänden die Spitze zu nehmen.

Das amerikanische Modell[9] für den westdeutschen Verteidigungsbeitrag sah einen militärischen und einen wirtschaftlichen Beitrag vor. Ersterer sollte im wesentlichen aus „balanced ground divisions" bestehen. Außerdem wurde eine kleine Marine für die Hafenverteidigung für nötig erachtet. Die Heeresverbände und ihre Unterstützungstruppen sollten mit nichtdeutschen Verbänden in Korps und andere Großverbände integriert werden. Luftunterstützung würden die deutschen Divisionen von alliierten, den Armeegruppen zugeordneten taktischen Luftwaffenverbänden erhalten. Von deutschen taktischen Luftstreitkräften war nicht die Rede. Der Vorschlag schloß den Zugang deutscher Offiziere zum Internationalen Generalstab des alliierten NATO-Oberkommandierenden und zu den entsprechenden Stäben derjenigen Großverbände ein, denen die deutschen Divisionen angehörten. Für die Ausbildung und Schulung höherer Offiziere wurde die Bereitstellung von Ausbildungsplätzen an ausländischen Lehranstalten erwogen.

Die gesamte Organisation, Ausbildung (nach allgemeinen Richtlinien des Oberkommandierenden), Ausrüstung und Verwaltung der deutschen Streitkräfte sollte in der Verantwortung einer deutschen Bundesbehörde liegen, die unter Umständen über einen militärischen Verwaltungsstab verfügen sollte. Wegen der Integration der deutschen Verbände in die gemeinsame Streitmacht von Beginn an entfiel die Notwendigkeit eines nationalen „Deutschen Generalstabes" und deutscher Stäbe oberhalb der Divisionen. Außerdem war vorgesehen, die Planungen für eine zentrale Beschaffung und Ausrüstung durch ein gestärktes „Military Production and Supply Board" der NATO so weit zu ergänzen, daß eine Gesamtkontrolle und wirksame Koordination der deutschen Rüstungsproduktion mit der in den NATO-Staaten garantiert war. Neben die grundlegenden Sicherungen durch Integration und zentrale Ausrüstung traten u.a. folgende zusätzliche Schutzmaßnahmen: die zahlenmäßige Beschränkung auf maximal ein Fünftel der verfügbaren atlantisch-europäischen Gesamtstärke; die Aufrechterhaltung bestehender Industrieverbote und -beschränkungen sowie Kontrollen durch das alliierte Militärische Sicherheitsamt; die Begrenzung der Waffenproduktion auf leichtes Gerät (u.a. Herstellungsverbot für Flugzeuge und Artilleriegeschütze); die Überwachung der Offiziersauswahl und die Einschränkung der Reaktivierung von Wehrmachtsoffizieren. Die empfohlenen Sicherungen liefen z.T. den deutschen Forderungen nach militärischer und politischer Gleichberechtigung zuwider.

Aber die französische Regierung konnte weder durch diese angebotenen Leistungen zufriedengestellt werden, noch glaubte sie, für das amerikanische Paket von Forderungen und Angeboten im Parlament eine Mehrheit zu erhal-

---

9 Vgl. die modifizierte, in den Kontrollinstrumenten verstärkte Fassung von Ende Oktober 1950: FRUS 1950, Vol. III, Washington, D.C., 1976, S. 406 ff.

ten. Trotzdem stimmten alle NATO-Staaten Ende September 1950 einem westdeutschen Verteidigungsbeitrag prinzipiell zu – Frankreich allerdings erst auf
erheblichen anglo-amerikanischen Druck, aus Furcht vor der Isolierung in der
Allianz und nicht zuletzt aus Sorge, die dringend benötigten amerikanischen
Sicherheitsleistungen aufs Spiel zu setzen, zumal nun auch die Probleme des
personelle und finanzielle Potenzen verschlingenden indochinesischen Kolonial-
krieges der französischen Regierung über den Kopf zu wachsen begannen. Allerdings erfolgte die Zustimmung Frankreichs in verklausulierter Form: Es legte
sich darauf fest, die offizielle Einverständniserklärung Ende Oktober 1950
nachzureichen. Auf diese Weise suchte Paris Zeit zu gewinnen zur innenpolitischen Absicherung eines französischen Ja und zur Ausarbeitung eines alternativen, supranationalen Modells der westdeutschen Aufrüstung und militärischen Integration.

Nachdem ein Versuch gescheitert war, die deutsche Aufrüstung mit dem
Vorschlag zur Aufstellung zusätzlicher französischer Divisionen überhaupt zu
verhindern, wobei Paris dafür die finanziellen Mittel fehlten, legte die französische Regierung Ende Oktober 1950 mit dem Pleven-Plan ein supranationales
Konzept vor und gewann dafür in der Nationalversammlung eine sichere Mehrheit [10]. Pleven schlug vor, deutsche Truppen im Rahmen einer europäischen
Armee aufzustellen, „die mit den politischen Institutionen des geeinten Europas verbunden" sein, „eine vollständige Verschmelzung der Mannschaften und
der Ausrüstung" verwirklichen und „unter einer einheitlichen politischen und
militärischen Autorität" stehen sollten [11]. Ein den beteiligten Regierungen
bzw. einem Ministerrat und einer europäischen Versammlung verantwortlicher
europäischer Verteidigungsminister sollte die gemeinsame Armee führen. Der
Vorschlag eines gemeinsamen Budgets und eines daraus zu finanzierenden
„europäischen Bewaffnungs- und Ausrüstungsprogramms" vervollständigte
das supranationale „Korsett" des westdeutschen Verteidigungsbeitrages. Allein

---

[10] Als Pleven-Plan ist hauptsächlich die Summe der Fakten anzusehen, die in Form
der Regierungserklärung Ministerpräsident Plevens vom 24. Oktober 1950, in dem gehei-
men französischen Informationspapier über die geplanten militärischen Details vom
2. November 1950, in dem grundlegenden französischen Memorandum zur „Konferenz
über die Bildung der Europäischen Armee" vom 15. Februar 1951 und schließlich in dem
sog. Zwischenbericht der Pleven-Plan-Konferenz vom 24. Juli 1951 vereinigt sind. Darüber
hinaus finden sich quellenmäßig weit gestreut, insbesondere aber in den Akten zur Pleven-
Plan-Konferenz, zusätzliche Details: Europa-Archiv 5 (1950), S. 35118 ff. (Rede Plevens);
NATO-Hauptquartier, Brüssel: International Military Staff, Central Registry (IMS), SG 84,
Contribution of Germany to the Defence of Western Europe. French Proposal, 2.11.1950;
Bundesarchiv-Militärarchiv: BW 9/3131, Memorandum vom 15.2.1951; ebd., BW 9/3168,
Zwischenbericht vom 24.7.1951 (deutscher und französischer Text). Die Entwicklung der
Wiederbewaffnungsfrage vom Pleven-Plan bis zum EVG-Vertrag ist jetzt detailliert darge-
stellt bei Meier-Dörnberg, Wilhelm: Politische und militärische Faktoren für die Planung
des deutschen Verteidigungsbeitrages im Rahmen der EVG, in: Die Europäische Verteidigungsgemeinschaft. Stand und Probleme der Forschung. Im Auftrag des Militärgeschichtlichen Forschungsamtes hrsg. von Hans-Erich Volkmann und Walter Schwengler. Boppard
1985, S. 271-290.
[11] Zitate aus der Rede Plevens.

dieser integrative Weg schien in französischen Augen eine effektive Kontrolle zu gewährleisten und eine entscheidende wie auch dauerhafte Garantie gegen die Wiedererrichtung einer nationalen deutschen Armee zu bilden[12].

Das französische Bedürfnis nach Sicherheit vor den Deutschen führte aber auch dazu, daß Pleven die militärische Einbeziehung Westdeutschlands von der vorherigen Unterzeichnung des Schuman-Plans, der Ernennung des europäischen Verteidigungsministers und der Wahl der parlamentarischen Versammlung abhängig machte. Das politische und militärische Prozedere auf dem Weg zur Europa-Armee erschien nicht nur kompliziert und zeitraubend, sondern enthüllte, daß der französische Vorschlag den vermeintlich aktuellen Erfordernissen einer zeitgerechten Aufrüstung und militärischen Integration nicht angemessen war. Mehr noch: Paris beabsichtigte anfangs, die Bundesrepublik Deutschland von der Mitgliedschaft in der NATO und damit von der politischen Souveränität auszuschließen[13]. Es waren Zweifel angebracht, ob sich dieses Ziel aufrechterhalten ließ. Eine verläßliche Partnerschaft hätte diese Politik nicht begründet, hinsichtlich der Förderung einer beständigen Befriedigung durch politische Integration mußte sie als ausgesprochen destruktiv erscheinen.

Zu den militärisch vernünftigen Inhalten des Pleven-Plans zählte die uneingeschränkte Option für eine operative Gesamtverantwortung der NATO, also für die operative Unterstellung der Europäischen Armee unter die NATO.

Politiker und Militärs im atlantischen Bündnis hielten den französischen Plan mehr für ein Hindernis als für eine Hilfe zur Verbesserung der westeuropäischen Verteidigungsfähigkeit. Die französische Regierung sah sich deshalb in der Brüsseler Vereinbarung vom Dezember 1950 zu einem gravierenden Kompromiß gezwungen: Paris konnte zwar seinen eigenen Vorschlag weiterverfolgen, mußte aber „provisorischen Maßnahmen" für eine *unmittelbare* Aufstellung westdeutscher Verbände im Rahmen der NATO zustimmen. Diese Interimslösung zur schnellen Verbesserung der Sicherheitslage sah eine auf den amerikanischen Vorstellungen fußende rein militärische Integration vor, konnte jedoch trotz sachlicher Verwandtschaft zum NATO-Weg später prinzipiell so-

---

[12]   Eine Reihe weiterer, die Bundesrepublik Deutschland zugleich erheblich diskriminierender, Sicherheitsvorkehrungen kam hinzu. So war zunächst vorgesehen, die „europäische Armee" aus kleinstmöglichen nationalen Einheiten, d.h. Bataillonen, zu formieren. Der Sicherheit vor Deutschland diente auch die Bestimmung, den einzelnen deutschen Soldaten von seiner Rekrutierung an dem europäischen Verteidigungsminister zu unterstellen, während den anderen Angehörigen der Europäischen Verteidigungsgemeinschaft nicht nur die Fortexistenz ihrer Verteidigungsministerien, sondern auch die Beibehaltung nationaler Streitkräfte sowie die Rückführung integrierter Kräfte in nationale Kompetenz erlaubt sein sollte.

[13]   So etwa ein Bekenntnis von Georges Bidault. Vgl. Wettig, Gerhard: Entmilitarisierung und Wiederbewaffnung in Deutschland 1943-1955. Internationale Auseinandersetzungen um die Rolle der Deutschen in Europa. München 1967, S. 369.

wohl in eine von Amerika bevorzugte NATO-Lösung wie in eine supranationale europäische Lösung nach französischer Vorstellung einmünden.

Die Brüsseler Vereinbarung[14] verdeutlicht, wie überaus ernst selbst das primär auf rasche militärische Wirkung gegen eine Bedrohung von außen gerichtete Interimskonzept einer westdeutschen Bewaffnung das psychologische – und damit handfeste – Anliegen der Kontrolle innerhalb des Bündnisses nahm. Der Bundesregierung sollte für immer die alleinige Verfügungsgewalt über die deutschen Einheiten verwehrt werden. Dem entsprach das Verbot der Errichtung eines Verteidigungsministeriums und die geplante Überwachung der Ausbildung. Als direkte Sicherungen sind die alliierte militärische Präsenz in Westdeutschland, die Überlegenheit der NATO-Streitkräfte und ihre Fähigkeit anzusehen, westdeutsche Industriezentren zu bombardieren. Darüber hinaus waren zahlreiche indirekte Sicherungen vorgesehen, darunter das Verbot zentraler westdeutscher Einrichtungen für Planung, Feindnachrichtenwesen und operative Führung, das Verbot der Herstellung von ABC-Waffen, weitreichender Raketen, schwerer Waffen, von Flugzeugen und größeren Kriegsschiffen – Verbote und Beschränkungen, wie sie nach dem Scheitern der EVG im Herbst 1954 tatsächlich überwiegend vertraglich festgelegt wurden. Gar nicht deutlich genug ist die Tatsache zu unterstreichen, daß die geplante Unterstellung aller westdeutschen Verbände unter den Obersten Alliierten Befehlshaber Europa (SACEUR) der Bonner Regierung einen eigenen Kommandoapparat und damit die wichtigste Voraussetzung für die Führung von Truppen verwehrte[15].

Als Generalprinzip schrieben die Alliierten fest, die westdeutschen Truppen „für alle Zeiten angemessenen Sicherungen" zu unterwerfen, „politischen, militärischen und nach Möglichkeit auch wirtschaftlichen"[16]. Eine Lockerung der militärischen Kontrollen wurde vom Fortschritt der westlichen Integration und von der Einbindung der Bundesrepublik in die westliche Staatengemeinschaft abhängig gemacht[17].

---

14 Text: FRUS 1950, Vol. III, S. 531-547 (vgl. ebd., S. 586, Anm. 2). Soweit die Brüsseler Vereinbarung unmittelbare Aufrüstungsmaßnahmen betraf, zielte sie im wesentlichen darauf, für folgendes Programm eine deutsche Zustimmung zu erhalten:
– die möglichst rasche Aufstellung deutscher Regimentskampfgruppen durch die alliierten Besatzungsstreitkräfte in Deutschland in Absprache mit dem atlantischen Oberkommandierenden, dem die deutschen Verbände zu einem späteren Zeitpunkt unterstellt werden sollten,
– die Möglichkeit der späteren Zusammenfassung der deutschen Kampfgruppen zu national homogenen Divisionen durch den Oberkommandierenden,
– die Bildung taktischer deutscher Luftwaffeneinheiten und einer kleinen deutschen Marinestreitmacht,
– einen substantiellen westdeutschen industriellen Beitrag zur westeuropäischen Verteidigung.
15 Meier-Dörnberg, Wilhelm: Politische und militärische Faktoren bei der Planung des deutschen Verteidigungsbeitrages im Rahmen der EVG, in: Entmilitarisierung und Aufrüstung in Mitteleuropa 1945-1956. Herford/Bonn 1983, S. 195.
16 FRUS 1950, Vol. III, S. 542.
17 Ebd., S. 532 f.

Wenn auch der französische Argwohn wegen einer langfristig unter Umständen doch möglichen Sprengung von Bündnisfesseln und militärischen Beschränkungen noch nicht besänftigt war, zeichnet eine Bilanz der Entwicklung der Voraussetzungen für einen westdeutschen Militärbeitrag aus internationaler, alliierter Sicht 1950/51 ein positives Gesamtbild: Bedeutende Widerstände gegen deutsche Soldaten aus Öffentlichkeit und Parlamenten schien es nicht mehr zu geben. Die alliierte Aufrüstung machte Fortschritte, wenn sie auch ab 1951 zögernder als programmgemäß vorankam. Dagegen entsprachen die Vereinigten Staaten ihrer Verpflichtung zur Verstärkung der Truppenpräsenz auf dem Kontinent nicht nur voll und ganz, Washington erfüllte sein Soll sogar früher als zugesagt. Entsprechend der Aufrüstung in Europa und der Verstärkung der amerikanischen Präsenz entwickelte sich die europäische NATO-Streitmacht. Daneben schien die Bildung einer europäischen, supranationalen Verteidigungsgemeinschaft in den Bereich des Möglichen zu rücken. Nach welchem Modell auch endgültig verfahren werden würde, die Begrenzung der personellen und materiellen Stärke des deutschen Beitrages und seine Kontrolle würden im Mittelpunkt der Vereinbarungen stehen. Im übrigen bewies Bonn außenpolitisches Wohlverhalten, etwa durch die Mitarbeit an der Gestaltung der Montanunion. Und außerdem: Die notwendigen und schwierigen Verhandlungen mit den Deutschen in der Aufrüstungsfrage sicherten den Partnern einen maßgeblichen Vorsprung vor den Deutschen.

In der konkreten Situation der Entscheidung für einen westdeutschen Verteidigungsbeitrag zeigte sich, daß die Voraussetzungen aus alliierter und die aus westdeutscher Sicht sich durchaus nicht grundsätzlich widersprachen, ja sich z.T. sogar deckten, wie ein abschließender Blick auf die deutschen Forderungen und Vorschläge dieser Monate zeigt: Die Bundesregierung erläuterte bzw. präsentierte ihre Vorstellungen, von amerikanischer Seite gedrängt, in mehreren Denkschriften Ende August / Anfang September 1950 — unter Ausnutzung der durch die Korea-Krise entstandenen psychologischen Situation und der Zwangslage der Alliierten, eilig und energisch eine Verstärkung des Verteidigungspotentials in Westeuropa vorantreiben zu müssen. In dem bekannten Sicherheitsmemorandum vom 29. August 1950 stimmte Bundeskanzler Adenauer einem Verteidigungsbeitrag in Form eines deutschen Kontingents in einer westeuropäischen Armee zu und wiederholte seinen Verzicht auf eine nationale westdeutsche Wehrmacht[18]. Sein Angebot der Aufrüstung machte Adenauer von bestimmten Voraussetzungen abhängig. In einem Aide-mémoire bezeichnete er Anfang September *sowohl* die Verstärkung der alliierten Truppen in der Bundesrepublik als Zeichen des westlichen Verteidigungswillens und als Schutz für die westdeutsche Bewaffnung gegen Präventivaktionen des Gegners als unverzichtbar *als auch* — gleichrangig — eine moderne Bewaffnung der

---

[18]   Abgedruckt in: Schubert, Klaus von (Hrsg.): Sicherheitspolitik der Bundesrepublik Deutschland. Dokumentation 1945-1977, Teil 1. Köln 1978, S. 79 ff.

zukünftigen deutschen Verbände[19]. In einem ergänzenden Schreiben zum Sicherheitsmemorandum[20] verlangte er zudem eine formelle Verpflichtung der Westmächte, jeden Übergriff der Volkspolizei der DDR auf westdeutsches Gebiet und auf West-Berlin mit alliierten Kräften abzuwehren. Schließlich stellte Adenauer am 30. August in dem „Memorandum zur Frage der Neuordnung der Beziehungen der Bundesrepublik zu den Besatzungsmächten"[21] erneut klar, daß ein deutsches Kontingent nur von einer souveränen Bundesrepublik gestellt werden könne.

Auf Antworten der Westmächte mußte der Kanzler gar nicht lange warten. Schon auf den New Yorker Konferenzen im September erklärten die drei westlichen Außenminister, jeden Angriff auf die Bundesrepublik Deutschland oder auf Berlin wie einen Angriff auf sich selbst behandeln zu wollen. Außerdem versprachen sie – dem amerikanischen Angebot an die Westeuropäer entsprechend –, die alliierten Sicherheitskräfte in Deutschland erheblich zu verstärken. Zugleich kündigten die westlichen Vertreter bedeutende Schritte auf dem Weg der Bundesrepublik zur Souveränität an. Ob die politische und die militärische Gleichberechtigung für die Westdeutschen schnell und vollständig erreichbare Ziele waren, mußte sich in den deutsch-alliierten Verhandlungen über die Form des deutschen Verteidigungsbeitrages erweisen.

---

[19] Princeton University Library: John Foster Dulles Papers, Aide-mémoire (Übersetzung), undatiert (Anfang Sept. 1950).
[20] Adenauer, Konrad: Erinnerungen 1945-1953. Bd. 1. Stuttgart 1965, S. 360 ff. (Schreiben vom 2. September 1950).
[21] Text ebd., S. 358 f.

Wilhelm Meier-Dörnberg

DIE EUROPÄISCHE VERTEIDIGUNGSGEMEINSCHAFT[1]

Am 27. Mai 1952 wurde der Vertrag über die Gründung der Europäischen Verteidigungsgemeinschaft (EVG) in Paris unterzeichnet[2]. Es blieb dies der Höhepunkt der vierjährigen Geschichte der EVG, die mit der Regierungserklärung des französischen Premierministers René Pleven vom 24. Oktober 1950[3] begonnen hatte und mit der Weigerung der französischen Nationalversammlung am 30. August 1954, sich weiter mit ihr zu beschäftigen, endete. Pessimisten hatten ihr unrühmliches Ende vorausgesagt, und ihre besonders in Frankreich immer zahlreicher werdenden Gegner hatten alles getan, es herbeizuführen[4]. Die Unterzeichnung durch die Regierungen war eben eines, die Ratifizierung durch die nationalen Parlamente ein anderes. Die EVG war, wenn auch von Land zu Land verschieden und aus sehr unterschiedlichen Gründen, niemals wirklich populär. Zwar wurde oft genug Sympathie für den europäischen Gedanken beteuert, für die Konsequenzen war das Verständnis dann aber schon erheblich geringer.

Die von Pleven vorgeschlagene Idee supranationaler europäischer Streitkräfte war in der Geschichte ohne wirkliches Vorbild. Das Vielvölkerheer der Habsburger Monarchie, mit seinen Eigentümlichkeiten noch am ehesten vergleichbar, besaß in Kaiser und König immerhin eine feste politische Spitze, auf die es sich ausrichten konnte. Es war außerdem historisch gewachsen[5]. Das Heer des Deutschen Bundes war ein echtes Kontingentheer. Die Kontingente blieben im Besitz der Gliedstaaten, der Bund selbst besaß keine eigenen

[1] Zur vielschichtigen Problematik der EVG vgl. den Sammelband: Die Europäische Verteidigungsgemeinschaft. Stand und Probleme der Forschung. Im Auftrag des Militärgeschichtlichen Forschungsamtes hrsg. von Hans-Erich Volkmann und Walter Schwengler. Boppard 1985.

[2] Schubert, Klaus von (Hrsg.): Sicherheitspolitik der Bundesrepublik Deutschland. Dokumentation 1945-1977. Teil 1, Köln 1978, S. 129-142; Teil 2, Köln 1979, S. 285-297.

[3] Ebd., Teil 1, S. 99-103.

[4] Lerner, Daniel / Aron, Raymond (Hrsg.): France defeats EDC. New York 1957; Guillen, Pierre: Die französische Generalität, die Aufrüstung der Bundesrepublik und die EVG (1950-1954), in: Die Europäische Verteidigungsgemeinschaft, S. 125-157.

[5] Allmayer-Beck, Johann Christoph: Die Führung vielsprachiger Streitkräfte. Die k. und k. Armee als Beispiel, in: Jacobsen, Hans-Adolf / Lemm, Heinz Georg (Hrsg.). Heere international, Bd. 1. Herford/Bonn 1981.

Streitkräfte, die Souveränität der Bundesstaaten blieb grundsätzlich gewahrt. Eine friedensmäßige Mischung der Truppen gab es nur bei den Festungsbesatzungen. Bündnismitgliedern, die wie Österreich, Preußen und Bayern geschlossene Armeekorps stellten, war der organisatorische Einbau von Kontingenten der kleineren Bundesstaaten geradezu verboten[6]. Die sehr lockere Heeresstruktur führte allerdings dazu, daß noch vierzig Jahre nach Gründung des Bundes das württembergische Angriffssignal dem badischen Rückzugssignal glich, obwohl das badische und württembergische Kontingent mit dem darmstädtisch-hessischen das VIII. Bundesarmeekorps zu stellen hatte, also einen Truppenkörper, der als operativ-taktische Einheit gedacht war. Das VIII. Korps versagte bekanntlich 1866 im Feldzug gegen Preußen völlig und zog, wie vordem schon die „Reichsarmee" im Siebenjährigen Krieg, den Spott der Zeitgenossen auf sich[7].

Demgegenüber hatte Pleven ein Einheitsheer durch „vollständige Verschmelzung der Mannschaften und der Ausrüstung" vorgeschlagen. Entsprechend hieß es in Artikel 9 des EVG-Vertrages, daß die Kontingente der Gemeinschaft zur „Verschmelzung" („fusion") bereitgestellt werden sollten. Die Kontingente der sechs EVG-Staaten waren sozusagen das „Rohmaterial", das die Gemeinschaft nach Maßgabe des Vertrages zu formen hatte. Hier also das Prinzip der Integration, wie ein Schlüsselwort lautete, dort ein Vereinigungsverbot. An dem veränderten Kontingentbegriff läßt sich der wesentliche Unterschied beider staatenübergreifenden Verteidigungssysteme deutlich erkennen. Auch die parallel zur EVG-Konferenz entstandene Montanunion mit ihren übernationalen Befugnissen und Einrichtungen kann wegen ihres weit geringeren politischen Gewichts nur sehr bedingt zu einem Vergleich herangezogen werden.

Die politische Tragweite der EVG zeigte sich bereits in der naheliegenden Frage, von wem denn die europäische Streitmacht eigentlich ihre Befehle erhalten sollte, wer über ihren Einsatz verfügte, wem sie letzten Endes also gehörte. Traditionell war eine Armee einem Staat und dessen Führung zum Gehorsam verpflichtet. Diesen adäquaten europäischen Staat, mit dem sich der europäische Soldat hätte identifizieren und für den er hätte kämpfen sollen, gab es noch gar nicht. Die Unhaltbarkeit dieses Zustandes wurde zunächst dadurch abgemildert, daß der Oberbefehl ohnehin nicht bei der Gemeinschaft selbst, sondern bei dem für die Verteidigung Westeuropas zuständigen NATO-Oberbefehlshaber liegen sollte. Entsprechend sah der EVG-Vertrag in Artikel 18 die Unterstellung der europäischen Verbände unter den NATO-Oberbefehlshaber Europa (SACEUR) vom Zeitpunkt ihrer Einsatzbereitschaft vor.

---

[6] Petter, Wolfgang: Deutscher Bund und deutsche Mittelstaaten, in: Handbuch zur Deutschen Militärgeschichte, Bd. IV/2, hrsg. vom Militärgeschichtlichen Forschungsamt. München 1976.

[7] Sauer, Paul: Das württembergische Heer in der Zeit des Deutschen und Norddeutschen Bundes. Stuttgart 1958, S. 186 ff.

Aber auch die verbleibenden Aufgaben der Gemeinschaft wie Organisation, Ausbildung, Verwaltung, Ausrüstung oder Finanzierung der Streitkräfte und die sich daraus ergebenden tiefen Eingriffe in die inneren und äußeren Verhältnisse der Staaten und Völker verlangten gebieterisch nach einer gemeinsamen und einheitlichen europäischen Politik, die mehr war als die bloße Koordinierung der Politik der Einzelstaaten. Auf die Dauer waren supranationale europäische Streitkräfte ohne eine demokratisch legitimierte europäische Regierung nicht denkbar. Damit reichte die EVG weit über ihren äußeren militärischen Anlaß hinaus. Ihre Befürworter sahen in ihr hauptsächlich die Vorstufe einer europäischen Union. Weil Europa kein militärischer Torso bleiben konnte und sollte, einigten sich die Regierungen in diesem Sinne nicht nur über die Modalitäten der gemeinsamen Streitkräfte, sondern legten sich in Artikel 38 auf die Umbildung und Erweiterung der EVG in ein späteres bundesstaatliches oder staatenbündisches Gemeinwesen („Structure fédérale ou confédérale") fest.

Mit den vorbereitenden Untersuchungen wurde die dazu etwas vergrößerte Versammlung der Montanunion beauftragt und ihr hierfür eine kurze Frist gesetzt. Tatsächlich legte sie bereits am 10. März 1953 einen Vertragsentwurf über die Satzung einer Europäischen Gemeinschaft den Regierungen vor[8]. Er beschränkte sich noch auf EVG und Montanunion, sah aber bereits vor, die europäischen Streitkräfte einer politischen zivilen Autorität zu unterstellen, die aus einem direkt gewählten europäischen Parlament hervorgehen sollte.

Zu diesem Zeitpunkt befand sich die EVG allerdings schon tief in ihrer Agonie, die noch anderthalb Jahre dauern sollte. Im Januar 1953 war die französische Regierung umgebildet worden. Der Europäer Robert Schuman war ausgeschieden. Und nachdem anscheinend erst jetzt einer breiteren französischen Öffentlichkeit dämmerte, welche Auswirkungen von der EVG zu erwarten waren, begann, in den Worten Raymond Arons, in Frankreich die größte ideologische und politische Auseinandersetzung seit der Dreyfus-Affäre[9]. Um die vehemente französische Reaktion besser verstehen zu können, muß auf die Entstehung des Pleven-Plans, seine eigentliche Absicht und seine allmähliche Transformation zum EVG-Vertrag zurückgegangen werden.

Die Idee war im September 1950 im Kreis um Jean Monnet, zu dem Pleven und der spätere französische Delegationsleiter und Präsident der EVG-Konferenz, Hervé Alphand, gehörten, entstanden. Es war derselbe Kreis, der den Schuman-Plan hervorgebracht hatte. Dies erklärt auch die Verwandtschaft beider Konzeptionen, die als *ein* System französischer Politik begriffen werden müssen[10].

---

[8] Ad hoc-Versammlung für die Gründung einer Europäischen Politischen Gemeinschaft. Entwurf eines Vertrages über die Satzung der Europäischen Gemeinschaft. Leitfaden und Dokumente des Verfassungsausschusses. März-April 1953, hrsg. vom Sekretariat des Verfassungsausschusses, Paris.

[9] Lerner / Aron, S. 10.

[10] Monnet, Jean: Erinnerungen eines Europäers. München/Wien 1978, S. 433. Da-

Für Monnet bedeutete die Montanunion die „Zusammenlegung der Schlüsselindustrien des modernen Krieges"[11]. Jetzt sollten auch Armeen und Waffen unter einer gemeinsamen Souveränität zusammengefaßt werden. Die SPD verweigerte ihre Zustimmung daher ganz folgerichtig nicht nur dem EVG-Vertrag. Im Auftrag des todkranken Schumacher schrieb Ollenhauer am 10. Januar an Heinemann: „Der Schumanplan soll jetzt angenommen werden, um im französischen Parlament ... den Nachweis zu führen, daß man die Deutschen zuerst industriell entmachtet habe, ehe man ihnen zugesteht, Waffen zu tragen. Dieser Charakter des Schumanplans ist im Bundestag zum Teil noch nicht begriffen worden. Wer dem Schumanplan zustimmt, hat das Gesetz des eigenen Handelns in der militärischen Frage verloren. Man kann nicht einem Teil des Systems zustimmen und einen anderen ablehnen."[12]

Der Pleven-Plan war also nichts anderes als der ins Militärische übersetzte und erweiterte Schuman-Plan. Die französische Regierung fürchtete, daß eine rigorose Ablehnung der in der Luft liegenden deutschen Aufrüstung durch Frankreich zwangsläufig den Todesstoß für die europäische Montanunion bedeutet hätte. Für Monnet war der Pleven-Plan daher primär eine Rettungsaktion des Schuman-Plans. Dabei war er sich durchaus der unterschiedlichen Größenordnung beider Projekte bewußt. Rückblickend jedenfalls schreibt er: „Kohle und Stahl hatten nur ein Jahrhundert Vorherrschaft hinter sich, die Armee lebte aus uralten Traditionen."[13]

Hinter der supranationalen Idee stand für die französische Regierung eine primär negative Absicht: Trotz seines konstruktiven europäischen Anstrichs sollte der Pleven-Plan vor allem die drohende Aufrüstung der Bundesrepublik Deutschland innerhalb der Atlantikpakt-Organisation verhindern, wie sie von den USA und den meisten anderen NATO-Staaten ins Auge gefaßt war[14]. Der Pleven-Plan war ein in letzter Minute hastig skizziertes Gegenkonzept, durch das der Bundesrepublik der direkte Zugang zur NATO und damit zu dem für die Verteidigung Westeuropas entscheidenden Bündnis verwehrt werden sollte. Noch wenige Monate vor der Unterzeichnung des Vertrages erklärte Schuman in schöner Freimütigkeit vor dem NATO-Rat die Notwendigkeit der EVG damit, daß „Deutschland ... einer speziellen Art von ‚containment' unterworfen werden müsse" und die NATO sich hierfür nicht eigne[15].

---

nach stammte die Idee, den Schuman-Plan auf den militärischen Bereich zu übertragen, von Monnet selbst.

[11] Ebd., S. 425.

[12] Schmid, Carlo: Erinnerungen. Bern/München/Wien [3]1979, S. 497 f.

[13] Monnet, S. 434.

[14] Zur Frage eines Verteidigungsbeitrages der Bundesrepublik Deutschland grundlegend: Anfänge westdeutscher Sicherheitspolitik 1945-1956. Bd. 1: Von der Kapitulation bis zum Pleven-Plan. Hrsg. vom Militärgeschichtlichen Forschungsamt. München/Wien 1982.

[15] Meier-Dörnberg, Wilhelm: Politische und militärische Faktoren bei der Planung des deutschen Verteidigungsbeitrages im Rahmen der EVG, in: Entmilitarisierung und Aufrüstung in Mitteleuropa 1945-1956. Herfort/Bonn 1983, S. 184.

Im übrigen ging es der französischen Regierung darum, zuerst den Schuman-Plan unter Dach und Fach zu bringen. Erst dann wollte sie der Aufstellung von Verbänden deutscher Herkunft zustimmen. Dies sollte nach dem Grundsatz „Der erste Soldat, der in Deutschland angeworben wird, ist ein europäischer Soldat"[16] geschehen. Hierzu bedurfte es allerdings entsprechender europäischer Institutionen, die erst geschaffen werden mußten. Vorgesehen waren ein Rat, die schon genannte Versammlung und ein Verteidigungskommissariat, das für die Aufstellung, die Organisation und den gesamten Unterhalt der europäischen Streitkräfte einschließlich ihrer Bewaffnung zuständig sein sollte. Dazu waren ein gemeinsamer Haushalt sowie eine gemeinsame Rüstungsplanung und Rüstungsproduktion erforderlich. Weiterhin sah der Plan die operative Einordnung der europäischen Streitmacht in die Kommandostruktur der NATO und ein möglichst niedriges Integrationsniveau vor, wonach es national geschlossene Verbände höchstens bis zur Bataillonsebene geben sollte.

Die Einordnung in die NATO war wegen der militärischen Notwendigkeit einer einheitlichen Operationsplanung für Westeuropa naheliegend. Die Angelsachsen, die um die Geschlossenheit der NATO durch eine sich verselbständigende Europa-Armee fürchteten, hätten einer anderen Lösung auch kaum zugestimmt. Der etwas mißverständliche Begriff einer „Europäischen Armee", unter dem Frankreich noch zur Pariser Konferenz eingeladen hatte, wurde daher durch den der „Europäischen Verteidigungsstreitkräfte" ersetzt. Die Operationshoheit lag bei der NATO, eine Operationsabteilung war für die europäische Streitmacht daher auch nicht vorgesehen.

Der Pleven-Plan stieß allenthalben auf schärfste Ablehnung. Um nur einige der Stellungnahmen zu nennen: US-Verteidigungsminister Marshall bekannte, er sei unfähig, das Miasma des Planes zu durchdringen. Der britische Verteidigungsminister Shinwell nannte ihn schlichtweg „schauderhaft", „widerlich", eine „militärische Tollheit und einen politischen Wahnsinn"[17]. Auch diejenigen, die den europäischen Zusammenschluß wollten, bemängelten, er sei zu kompliziert, wo es doch angesichts der sowjetischen Bedrohung auf schnelle Ergebnisse ankäme.

Die Kritik richtete sich vor allem gegen das vorgeschlagene Integrationsniveau. Eine Mischung der Verbände hielten die Fachleute unterhalb der Division allein schon aus Verständigungsgründen für absurd. Der amerikanische Stabschef Bradley glaubte gar, er habe sich verhört, als er das erste Mal darüber informiert wurde[18]. Auch die französischen Militärs, die im übrigen sehr früh von der Notwendigkeit eines deutschen militärischen Beitrages überzeugt

---

16   Monnet, S. 441.

17   Poole, Walter S.: The History of the Joint Chiefs of Staff. The Joint Chiefs of Staff and National Policy, Vol. IV, 1950-1952. Wilmington 1980, S. 212.

18   Meier-Dörnberg, S. 184.

waren, lehnten dieses Integrationsniveau ab. Sie lehnten vor allem den gesamten Plan ab.

Dessen einseitig politischer Charakter zeigt sich auch darin, daß die französische Armee an seiner Entstehung keinen Anteil hatte. Sie empfand ihn als Anschlag auf ihre Existenz und boykottierte ihn schließlich mehr, als sie ihn unterstützte. Aus ihren Reihen kamen später seine schärfsten und einflußreichsten Gegner[19]. Die wenigen, die sich offen für die EVG einsetzten, bekamen es zu spüren. So wird auch der Stoßseufzer Alphands, den später trotz seiner einseitig französischen Konferenzleitung die Mißgunst de Gaulles verfolgte, verständlich. Wenige Monate vor dem Ende der Konferenz notierte er: „Wie kann man für ein Vorhaben stimmen wollen, das nicht die Zustimmung unserer militärischen ‚grands chefs' findet. Wie könnten wir Abgeordnete uns denn gegen einen de Gaulle, Juin, Weygand stellen?"[20]

Von der Bundesregierung ist die französische Militäropposition in ihrer Bedeutung merkwürdigerweise nie richtig erkannt worden. Überhaupt schätzte sie die Erfolgschancen der EVG bis zuletzt immer höher ein, als sie wirklich waren.

Zu den militärischen Einwänden kam speziell von deutscher Seite die politische Kritik[21]. Im Pleven-Plan war die Notwendigkeit einer „Übergangszeit" erwähnt. Daß einheitliche europäische Streitkräfte nicht von heute auf morgen geschaffen werden konnten, war für jedermann einsichtig. Was sich hinter dem Begriff „Übergangszeit" verbarg, offenbarte das französische Memorandum, das den Delegationen bei Konferenzbeginn am 15. Februar 1951 als Arbeitsgrundlage vorgelegt wurde[22]. Für eine nicht näher bestimmte Zeit sollten die „Verschiedenheiten tatsächlicher Art" („différences des faits") der Mitgliedstaaten in Rechnung gestellt werden. Dies hieß im Klartext nichts anderes als die Beibehaltung eines minderen Status der Bundesrepublik bis zum Verschwinden dieser „Verschiedenheiten".

Das Memorandum unterschied zwischen Ländern, die bereits Streitkräfte besaßen und Verpflichtungen außerhalb Europas hatten, und solchen, für die dies nicht zutraf. Gegenüber letzteren sollte der Verteidigungskommissar von Anfang an seine gesamten Befugnisse anwenden können, während bei ersteren berücksichtigt werden sollte, „daß die Kontingente aus nationalen Armeen hervorgegangen sind, deren Eigencharakter sicherlich in der ersten Phase fortbestehen wird".

---

[19]   Guillen, S. 132 ff.

[20]   Alphand, Hervé: L'étonnement d'être. Journal (1939-1973). Paris 1977, S. 246.

[21]   Adenauer, Konrad: Erinnerungen 1945-1953. Stuttgart 1965, S. 459 ff.; Schmid, S. 500 f.; Mende, Erich: Die neue Freiheit 1945-1961. München/Berlin, S. 184 f.

[22]   Bundesarchiv/Militärarchiv: Bw 9/3131, S. 2-31.

Das lief darauf hinaus, daß allein Soldaten deutscher Nationalität sofort europäischen Organen voll unterstanden hätten, die übrigen Kontingente aber erst nach und nach aus nationaler Zuständigkeit herausgelöst worden wären. Die französische Regierung wollte eine Rekrutierung und Aufstellung des deutschen Kontingents durch deutsche Behörden auf jeden Fall unterbinden. Dies meinte der Satz „Der erste Soldat, der in Deutschland angeworben wird, ist ein europäischer Soldat"[23]. Die französische Regierung wollte die Bewaffnung Deutscher zulassen, aber nicht die Bewaffnung der Bundesrepublik Deutschland. So erklärt sich auch die überragende Bedeutung, die sie den europäischen Organen beimaß. Ihre Bildung hatte Vorrang vor der Aufstellung deutscher Einheiten und vor der Verstärkung der westlichen Verteidigungsorganisationen. Dies war ein zentraler Streitpunkt mit den USA und der NATO, die genau den umgekehrten Weg für richtig hielten.

Für die Bundesregierung war der Plan in dieser Form militärisch wie politisch, weil diskriminierend, unannehmbar, zumal Frankreich einen erheblichen Teil seiner Streitkräfte in nationaler Zuständigkeit behalten wollte.

Parallel zur Pariser Konferenz hatten auf dem Petersberg Gespräche der drei Besatzungsmächte mit der Bundesregierung über einen deutschen Verteidigungsbeitrag begonnen, die auf die Brüsseler NATO-Ratstagung vom Dezember 1950 zurückgingen und die schnelle Aufstellung deutscher Truppen im NATO-Rahmen zum Ziel hatten[24].

Um dieser von ihr bekämpften sogenannten „NATO-Lösung" nicht zum Erfolg zu verhelfen, und um Amerikaner und Briten von den Vorzügen der supranationalen Idee zu überzeugen, mußte die französische Regierung bei der EVG-Konferenz Entgegenkommen zeigen und an ihren ursprünglichen Vorstellungen erhebliche Abstriche machen. In sehr schwierigen, häufig vom Abbruch bedrohten Verhandlungen gelang es, einen — wie es schien — allseits annehmbaren Kompromiß zu finden.

Der EVG-Vertrag hatte mit dem Pleven-Plan und dem französischen Eingangsmemorandum allerdings nur noch wenig gemeinsam. Er war, wie der französischen Regierung von ihren Kritikern vorgehalten wurde, nur noch eine Karikatur des alten Vorschlags, da er deutsche Divisionen und eine deutsche Verteidigungsbehörde zulasse, die es doch unter allen Umständen gerade nicht geben sollte.

Aus diesem Blickwinkel war es in der Tat unsinnig, die französische Armee zu spalten oder zu opfern, ohne den dafür gewünschten Preis zu erhalten. Die Chancen der französischen Regierung, für dieses ohnehin umstrittene Vorhaben

---

23   Monnet, S. 441.

24   Die Beschlüsse der Brüsseler NATO-Ratstagung sind abgedruckt in: Foreign Relations of the United States. Diplomatic Papers, 1950, Vol. III. Washington, D.C., 1977, S. 531-547.

eine parlamentarische Mehrheit zu finden, sanken damit immer tiefer. Dies eben war das unlösbare Dilemma, daß der Pleven-Plan für die Bundesrepublik und die NATO nicht annehmbar war und der EVG-Vertrag nicht für Frankreich.

Verglichen mit dem Nordatlantik-Vertrag ist der EVG-Vertrag mit seinen zahlreichen Annexen außerordentlich umfangreich und kompliziert. Das war bei der Natur der geplanten einheitlichen Streitmacht auch nicht anders möglich. Dabei war der weitaus größte Teil des Vertrages nicht einmal den eigentlich militärischen Fragen gewidmet, sondern den politischen, finanziellen, wirtschaftlichen und rechtlichen. Er war zugleich Gründungs- und Bündnisvertrag. Während der Bildung der EVG nahezu der gesamte Vertragstext galt, beruhte der politisch gleichgewichtige Bündnisvertrag auf einem einzigen Artikel. Er legte fest, daß die Gemeinschaft ausschließlich der Verteidigung dienen dürfe und jedem angegriffenen Mitgliedstaat der volle Beistand sowohl der Gemeinschaft als auch der Vertragsstaaten im einzelnen zu leisten sei (Artikel 2).

Für die Bundesrepublik war dieser Bündnisautomatismus von herausragender Bedeutung, weil sie als erste von einer östlichen Aggression betroffen gewesen wäre. Die Bündnisklausel machte die Verteidigung deutschen Bodesn zu einer Pflicht Westeuropas. Dies war mehr, als der Nordatlantik-Vertrag seinen Mitgliedern zusicherte. Ein Wirksamwerden dieses Artikels hätte daneben den Status der Bundesrepublik von einem besiegten und besetzten Land in den eines verbündeten Staates verwandelt.

Auf das Vertragswerk kann hier nur in einem Überblick eingegangen werden: Artikel 6 stellte die Gleichbehandlung innerhalb der Gemeinschaft von Anfang an sicher. Hierdurch war der zentralen deutschen Forderung Genüge getan. Die Anerkennung dieses Grundsatzes hatte erhebliche Auswirkungen auf die Ausgestaltung des Vertrages.

Die politische Struktur der Gemeinschaft war dem Prinzip der Gewaltenteilung angepaßt und glich jener der Montanunion. Es waren vier Hauptorgane vorgesehen: der Ministerrat als föderatives und wesentliches gesetzgebendes Organ, die gemeinsame Versammlung als parlamentarisches Organ, der Gerichtshof als Organ der richterlichen Gewalt und das Kommissariat als oberstes Exekutivorgan. Gerichtshof und Versammlung waren mit geringen Abweichungen dieselben wie bei der Montanunion.

Die Hauptaufgabe des Ministerrates war die Abstimmung der Tätigkeit des Kommissariats mit der Politik der einzelnen Mitgliedstaaten. Entscheidungen von großer Tragweite wie die Festlegung des gemeinsamen Handelns, der Entscheidung über den Notstand oder eine Änderung der vertraglich festgelegten Organisation und ihres Umfanges bedurften eines einstimmigen Beschlusses. Die Stimmgewichte der Mitglieder waren verschieden und richteten sich nach den Leistungen der Mitglieder, also nach der Kontingentgröße oder nach dem

Finanzbeitrag. Die Gemeinschaft blieb damit in großer Abhängigkeit von der Politik ihrer Mitgliedstaaten und der nationalen Parlamente, die letzten Endes über das Finanzvolumen bestimmten. Die vorgesehene umständliche Stimmwägung der Mitgliedstaaten versprach keine schnellen Entscheidungen. Partikulare Interessen hätten auf die europäischen Streitkräfte in dieser oder jener Form durchschlagen müssen. Dies war besonders im Falle Frankreichs wegen seines wachsenden militärischen Engagements in Übersee zu erwarten.

Der Versammlung, die zu einem echten europäischen Parlament werden sollte, standen vorerst nur beschränkte Kontrollrechte zu.

Dem Gerichtshof oblag die Wahrung des Rechts bei der Auslegung des Vertrages und seiner Anwendung.

Wichtigstes Organ war das Kommissariat, dessen Spitze entgegen der Ein-Mann-Lösung des Pleven-Plans aus einem kollegialen Gremium mit neun Mitgliedern einschließlich eines herausgehobenen Präsidenten bestehen sollte. Es handelte sich um eine Art europäisches Kabinett mit den Ressorts Finanzen, Rüstungswirtschaft, Verteidigung und Außenbeziehungen, in dem das Prinzip einfacher Mehrheitsentscheidungen galt. Die Mitglieder waren unabhängig, jeder Staat durfte höchstens zwei Kommissare stellen. Zu den wichtigsten Aufgaben des Kommissariats gehörten Planung, Aufstellung, Ausbildung und Verwaltung der Streitkräfte nach einheitlichen Grundsätzen, Aufstellung und Durchführung der Haushaltspläne, der Rüstungsprogramme und die Vorbereitung der Mobilmachungspläne. Als militärische Spitzenbehörde innerhalb des Kommissariats war ein Europäischer Generalstab geplant.

Der Umfang der Aufgaben mit ihrer hoheitlichen Erfassung und Verwaltung von Millionen von Menschen und Sachwerten in vielfacher Milliardenhöhe hätte das Kommissariat — vermutlich mit Sitz in Paris — zu einer Mammutbehörde gemacht, wie sie Europa noch nicht gesehen hatte. Der Interimsausschuß, in den die EVG-Konferenz nach Unterzeichnung des Vertrages umgewandelt worden war, um die Planungen voranzutreiben, und der als Keimzelle des Kommissariats gedacht war, gab mit seinen etwa 800 festen Mitarbeitern bereits einen Vorgeschmack.

Im Mittelpunkt des Vertrages standen die künftigen Europäischen Verteidigungsstreitkräfte. Sie hatten Vorrang vor allen national verbleibenden Streitkräften, die nur noch für begrenzte Aufgaben unterhalten werden durften. Die Ausnahmen galten hauptsächlich für überseeische Verpflichtungen und betrafen in erster Linie Kolonialtruppen und Seestreitkräfte. Der Vorrang der gemeinsamen Streitkräfte ergab sich aus der Bestimmung, daß ihnen allein in Verbindung mit den Kräften der NATO die Verteidigung Europas oblag.

Von großer Brisanz war die Bestimmung, daß das für die Gemeinschaft festgelegte Kontingent nicht durch die national verbleibenden Truppen beeinträchtigt werden durfte und daß nur Einzelpersonen, nicht aber ganze Einheiten

ausgetauscht oder gar abgezogen werden durften. Ausnahmen hingen von der
Zustimmung des NATO-Oberbefehlshabers Europa ab, dem auch schon im
Frieden ein wesentlicher Einfluß auf Gliederung und Dislozierung der euro-
päischen Truppen zustand.

Die französische Regierung war dem Grundsatz gefolgt, das stärkste Kontingent zu stellen, um sich so auch die politische Führung der Gemeinschaft
zu sichern. Entsprechend sah das geheime militärische Sonderabkommen
(„Accord Special")[25] bis Ende 1954 die Aufstellung von 18 französischen,
16 italienischen, 12 deutschen, 5 holländischen und 6 belgischen bzw. luxem-
burgischen Divisionen vor.

Für seine zunehmenden Überseeverpflichtungen hätte Frankreich demnach
zusätzliche Verbände zur Verfügung haben müssen, nachdem ihm die Kontin-
genttruppen für diesen Zweck entzogen waren. Die französischen Militärs hatten früh erkannt, daß es die Kräfte Frankreichs bei weitem überstieg, sowohl
das stärkste Kontingent zu stellen und gleichzeitig starke nationale Streitkräfte
zu unterhalten. Sie drängten deswegen ihre Regierungen immer stärker, den
Vertrag zu revidieren, um das Aufgehen der französischen Armee in der europäischen Streitmacht wenn nicht zu verhindern, so doch erheblich zu verzögern.

Das geheime Sonderabkommen legte die Aufstellung eines Feldheeres von
insgesamt 57 Divisionen, taktischen Luftstreitkräften von rund 5000 Kampf-
flugzeugen und einer europäischen Küstenmarine bis 1954/55 fest. Dazu kam
eine europäische, d.h. integriert aufgebaute, Territorialorganisation zur personellen und materiellen Bedarfsdeckung. Das Gebiet der Gemeinschaft sollte
hierzu in etwa 30 Militärbereiche aufgegliedert werden. Als drittes Element
waren Heimatverteidigungskräfte insbesondere für die Fliegerabwehr vorgesehen, die zwar auch europäischen Status haben sollten, aber weitgehend unter
nationalem Kommando gestanden hätten.

Frankreich hatte in der kardinalen Frage des Integrationsniveaus nachge-
geben, nachdem die USA der EVG ihre volle Unterstützung zugesagt hatte
und alternative Pläne zur Aufrüstung der Bundesrepublik aufgegeben worden
waren. Die Integration hätte jetzt also beim Korps bzw. bei den taktischen
Fliegerkommandos begonnen statt auf Divisions- und Geschwaderebene. Die
Kommandierenden Generäle sollten der Nationalität entstammen, die den
größten Teil des integrierten Verbandes stellte.

Typ, Gliederung und Zahl der ungemischten, d.h. national homogenen, Divisionen und Geschwader waren vertraglich genau festgelegt. Gestützt auf ihre
Erfahrungen hatten die deutschen militärischen Vertreter besonderen Nach-
druck auf mechanisierte und Panzerdivisionen gelegt, sich dabei aber nur teilweise durchsetzen können. Was in Paris in unzähligen Stärke- und Ausrüstungs-

---

[25] Bundesarchiv/Militärarchiv: Bw 9/3330, S. 14–40.

tabellen entstand, war ohnehin nur eine Armee auf dem Papier, da vor allem das deutsche Kontingent auf Lieferungen aus den USA angewiesen war. Wie sich herausstellte, entsprachen aber weder die amerikanischen Liefermöglichkeiten noch Art und Qualität des amerikanischen Materials den hochgespannten deutschen Erwartungen[26]. Selbst wenn die EVG zustande gekommen wäre, hätte die vertraglich vereinbarte Aufstellungsfrist von nur zwei Jahren auch aus diesem Grund niemals eingehalten werden können.

Zu ganz erheblichen Auseinandersetzungen hatte die Planung der militärischen und zivilen Territorialorganisation geführt. Die Bundesregierung wollte sie ursprünglich in nationaler Zuständigkeit aufbauen und behalten und nur die Feldverbände der Gemeinschaft unterstellen[27]. Frankreich verlangte demgegenüber die volle Europäisierung und zentrale Lenkung sämtlicher Militärbereiche der Gemeinschaft von Schleswig-Holstein bis Sizilien. Während sich die Konferenz ziemlich schnell auf den europäischen Status der Territorialorganisation einigen konnte, blieb die Frage zwischengeschalteter Territorialkommandos zur Koordinierung der Militärbereiche auf Staatsebene unter einem Territorialbefehlshaber heftig umstritten. Gegen die französische Neigung zu zentralistischen Lösungen konnten sich die anderen Delegationen nur bedingt durchsetzen. Auf die Verhältnisse in den deutschen Militärbereichen, in denen sich ja die EVG-Verbände konzentriert hätten, wäre der direkte Einfluß der Bundesregierung und des hauptsächlich nur noch für den Personalersatz zuständigen Verteidigungsministeriums jedenfalls nur sehr gering gewesen.

Der äußeren organisatorischen Einheitlichkeit der Streitkräfte mußte naturgemäß eine Einheitlichkeit auf dem weiten Gebiet der Personalführung und Ausbildung entsprechen. Hierzu gehörten das Disziplinarwesen, das Militärstrafrecht, das Vorgesetztenverhältnis, Uniformfragen, Grußordnung, Laufbahn- und Beförderungsbestimmungen, Besoldung, gemeinsame Ausbildungsvorschriften und Ausbildungseinrichtungen, um nur die wichtigsten zu nennen.

Die unterschiedlichen Traditionen und Gesetze ließen hier keine schnelle Harmonisierung zu. Ein besonderes Problem war die Sprachenfrage. Bis zum Scheitern der EVG waren manche Lösungen gefunden oder Annäherungen erreicht. In zahlreichen Fällen hätte es jedoch bei Übergangslösungen bleiben müssen. Dies galt gerade für die deutsche Variante des „Inneren Gefüges", die den anderen Delegationen zu progressiv war[28].

Der Vertrag verpflichtete alle Teilnehmerstaaten auf die allgemeine Wehrpflicht, die mindestens 18 Monate betragen sollte.

[26] Bundesarchiv/Militärarchiv: Bw 9/231.
[27] Bundesarchiv/Militärarchiv: Bw 9/3290, Bw 9/3375.
[28] Bundesarchiv/Militärarchiv: Bw 9/1520, Bw 9/3375, Bw 9/3376.

Die Rüstungskompetenz lag für das EVG-Gebiet ausschließlich bei der Gemeinschaft. Waffen, Munition und Sprengstoffe durften nur mit Genehmigung des Kommissariats erzeugt sowie ein- und ausgeführt werden. Die Rüstungshoheit war somit den nationalen Regierungen weitgehend entzogen. Es verwundert nicht, daß die Gegner der EVG gerade diese Bestimmung attackierten.

Der Vertrag galt für 50 Jahre. Es sollte demonstriert werden, daß die Gemeinschaft kein traditionelles Zweckbündnis sei, sondern eine auf Dauer angelegte politische Neuschöpfung.

Ergänzt wurde der Vertrag durch ein Beistandssystem mit der NATO und Großbritannien, das hierdurch eine enge militärische Assoziierung und automatische gegenseitige Hilfsverpflichtung mit der EVG einging.

Für die Bundesrepublik war der EVG-Vertrag von überragender Bedeutung, weil an dessen Inkrafttreten das Wirksamwerden des Deutschlandvertrages gekoppelt war und damit das Ende der Besatzungsherrschaft. Dies war auch ein Hauptgrund, warum die Bundesregierung nach anfänglichem Zögern schließlich voll auf den Erfolg der EVG setzte und setzen mußte. In ähnlicher Lage befand sich Italien, das hierdurch die letzten Siegerfesseln abstreifen wollte.

Auf wachsenden innenpolitischen Druck hatte die französische Regierung im Februar 1953 die sogenannten „Zusatzprotokolle"[29] vorgelegt, die fortan die Atmosphäre der Konferenz schwer belasteten. Sie sollten den Vertrag angeblich nur „präzisieren", „vervollständigen" und „interpretieren", liefen aber auf seine Aushöhlung, ja Zerstörung hinaus. Frankreich vollzog damit eine Kehrtwendung seiner Konferenzpolitik: Hatte es bisher die Verschmelzung als oberstes Gesetz verkündet, so suchte es jetzt unter Berufung auf nationale Verpflichtungen in Indochina und gegenüber der Union Française, sich der selbstgeschmiedeten Ketten wieder zu entledigen. Die Bundesregierung hätte dies hinnehmen können, wenn die geforderten Veränderungen auch für sie gegolten hätten und sie so doch noch zu der von ihr gewünschten weitgehend nationalen Territorialorganisation gekommen wäre. Tatsächlich liefen die Zusatzwünsche auf eine Sonderregelung für Frankreich hinaus.

Die Zusatzprotokolle stießen auf einhellige Ablehnung. Frankreich mußte zurückstecken. Es wurde ein Kompromiß ausgehandelt, der die Gegensätze aber mehr verschleierte als aufhob.

Seit dem Sommer 1953 formierte sich in Frankreich der Widerstand gegen die EVG zu einem regelrechten Feldzug, bei dem sich die verschiedenartigsten Gruppierungen zusammenfanden. Der Tod Stalins im März 1953 hatte neue Bewegung in die Ost-West-Diplomatie gebracht, die sich ebenfalls nicht zugunsten der EVG auswirkte.

---

29 Bundesarchiv/Militärarchiv: Bw 9/2558.

Einen letzten Versuch, den Vertrag so zu modifizieren, daß er die National-versammlung passieren konnte, unternahm Mendès-France auf der Minister-konferenz in Brüssel im August 1954. Er fand jedoch keine Zustimmung, weil seine vertragsändernden Forderungen bei den anderen Mitgliedstaaten u.a. einen neuen Ratifizierungsprozeß erforderlich gemacht hätte. Damit war die EVG endgültig tot.

Die Gründe, die zum Scheitern der EVG führten, waren vielschichtig. Das Beiseitestehen Großbritanniens spielte eine wichtige Rolle. Insgesamt aber war die Idee zu revolutionär, während die Wirklichkeit es nicht war. Sie war zu künstlich und zu kompliziert, und sie wollte zuviel auf einmal. Der euro-päische Gedanke war − in einer Formulierung Raymond Arons − „nicht faßbar und greifbar wie das fleischgewordene Vaterland"[30]. Vor allem stellte es sich heraus, daß es offensichtlich nicht möglich war, die militärische Einheit Euro-pas *vor* der politischen zu schaffen, also mit dem Element, das mehr als alle anderen den Nationalstaat verkörperte, ja mit ihm geradezu identisch war. Viele zweifelten daher daran, ob eine supranationale Armee überhaupt einen großen Kampfwert besitzen könne.

Die gefühlsmäßige Aversion gegen diese Konstruktion ohne Herz und Seele war allenthalben spürbar und darf in ihrer Wirkung nicht unterschätzt werden. Churchill, der doch als erster eine Europa-Armee vorgeschlagen hatte, konnte sie sich nur als Koalitionsarmee vorstellen. Was er wolle, so sagte er 1952 zu Truman, sei eine starke französische Armee, die die Marseillaise schmettere, eine starke deutsche Armee, die die „Wacht am Rhein" singe, und eine von „God save the King" ergriffene, tapfere britische Armee, die alle zusammen dann unschlagbar seien[31].

Erst das Scheitern der EVG hat den weiteren Ausbau der NATO und die Aufnahme der Bundesrepublik in den Atlantikpakt, die Frankreich mit der EVG gerade verhindern wollte, ermöglicht. Gemessen am Ergebnis war man also vier Jahre einem Irrweg gefolgt, der aber offensichtlich beschritten werden mußte, um seine Ungangbarkeit zu beweisen. Insofern war das Scheitern der EVG auch ein Erfolg.

---

[30] Aron, Raymond: Der permanente Krieg. Frankfurt a.M. 1953, S. 410.
[31] Poole, S. 285 f.

Walter Rehm

WIEDERBEWAFFNUNG UND WIEDERVEREINIGUNG
Deutsch-deutsche Offizierskontakte in den 50er Jahren

I. Vorbemerkung

Die Vorarbeiten zu diesem Thema ergaben einerseits eine Fülle von Einzelheiten; andererseits wurde bald deutlich, daß diese sich nicht zu einer Gesamtdarstellung zusammenfügen ließen. Es waren Spuren, die sich im Sande verloren oder in dichtem Gestrüpp endeten. Stellvertretend für viele andere Beispiele sei folgendes angeführt: Der ehemalige Bundeswehr-General Gerd Schmückle berichtet in seinem Buch „Ohne Pauken und Trompeten" vom Besuch seines früheren Divisionsarztes. Dabei habe sich letzterer, verbunden mit einer Einladung nach Ost-Berlin, mit den Worten verabschiedet: „Vincenz Müller, der Chef der Nationalen Volksarmee, läßt grüßen."[1] Auf Anfrage hierzu erhielt der Referent folgende Auskunft:

„Mein Besuch in Ostberlin. Darüber schreibe ich ungern. Ich war Journalist gewesen und als solcher nach wie vor neugierig. Mehr möchte ich darüber nicht schreiben."

Angesichts dieser in allen derartigen Ansätzen aufgetretenen Schwierigkeiten ist es ein reizvolles Unterfangen, die einzige bisher durchgehend verfolgbare Querverbindung zwischen ehemaligen Wehrmachtoffizieren in Ost und West darzustellen. Die Grundlage bietet ein für die Allgemeinheit noch nicht freigegebenes Aktenstück. Es enthält Briefe und Berichtsniederschriften des kürzlich verstorbenen Oberst i.G. a.D. und späteren Oberarchivrates Hermann Teske, erster Leiter des Militärarchivs, über seine Kontakte zu dem bereits genannten Vincenz Müller. Bislang sind daraus lediglich zwei Dokumente veröffentlicht worden[2].

Die Beschränkung auf diese Quelle erscheint vertretbar, obwohl die äußere Form dieser Verbindung wahrscheinlich einmalig ist. Der Inhalt dürfte in den noch aufzuklärenden Fällen der gleiche gewesen sein. Die besondere Bedeutung

---

[1] Schmückle, Gerd: Ohne Pauken und Trompeten. Stuttgart 1982, S. 125 ff. Im Zitat ist der irrtümlich mit „Vincent" angegebene Vorname Müllers korrigiert.

[2] Teske, Hermann: Wenn Gegenwart Geschichte wird. Neckargemünd 1974, S. 18 ff.

dieser Niederschriften, in die der Referent dank einer Sondergenehmigung von Herrn Teske Einsicht nehmen konnte, dürfte darin liegen, daß sie unmittelbar in jenem Zeitabschnitt erfolgten, in dem es hierzulande um die Frage des Zusammenhangs von Wiederbewaffnung und Wiedervereinigung ging. Leider war der Genannte infolge schwerer Erkrankung nur einmal zwecks Klärung von Einzelheiten mündlich zu sprechen.

II. Der äußere Rahmen

In einer Vorbemerkung aus dem Jahre 1972 heißt es u.a.:

„Die Verbindungsaufnahme erfolgte auf Grund eigener Initiative, jedoch mit Wissen der entsprechenden Behörde der Bundesrepublik."

„Es liegt mir am Herzen, zu erklären, daß General Müller niemals den Versuch gemacht hat, mich zum Übertritt in die DDR zu bewegen."

Bei der im ersten Absatz erwähnten Behörde handelt es sich um die Organisation Gehlen, die auch Teskes Reisen finanziert hat. Dies geht eindeutig aus handschriftlichen Zusätzen wie „In München vorgelegt" hervor. Manchmal erscheinen neben „Org" noch einzelne Namen wie v. Sodenstern, v. Natzmer, Speidel.

Der Briefwechsel zwischen den beiden Wehrmachtoffizieren, die sich durch eine gleichzeitige Verwendung im Stabe der 17. Armee im Jahre 1941 gut kannten, lief im wesentlichen über die damals in West-Berlin wohnende Mutter von Teske. Er selbst war zwischen 1950 und 1954 insgesamt zehnmal in Ost-Berlin bzw. in der DDR, wobei er meist während eines Tages mehrere Male mit seinen Gesprächspartnern zusammentraf. Diese waren Vincenz Müller (21 Treffs), der stellvertretende Vorsitzende der NDPD und ehemalige Wehrmachtmajor Heinrich Homann (10) und der sowjetische Oberst Aleksandrov (8), der sich selbst als Mitglied der Politischen Abteilung des Oberkommissariats der UdSSR (Nachfolger der SMAD mit Sitz in Karlshorst) bezeichnete. Die Aussprachen waren von unterschiedlicher Dauer (zwischen zwei und zwölf Stunden); oft, wie Teske vermerkt, bis an die Grenze physischer Erschöpfung.

Örtlichkeiten und Ablauf waren nicht minder variabel. Einmal heißt es z.B. „Müller stieg im Treptower Park schnell in den Wagen", dann wieder werden das Büro der NDPD, dessen stellvertretender Vorsitzender Müller war, der Presseklub, Müllers Wohnung in Johannisthal oder auch verschiedene Hotels als Gesprächsorte genannt. Andererseits erfolgte der Meinungsaustausch während langer Autofahrten nach Dresden, an die Ostseeküste und ins Odergebiet. Ein Pkw diente neben einer Villa in Karlshorst auch als Aussprachegelegenheit mit dem sowjetischen Oberst.

Teske selbst erhielt lediglich am 14. März 1951 in der Person des ehemaligen Oberst i.G. Günther Aßmann Besuch aus der DDR. Dieser überbrachte den Wunsch von Müller, Teske möge ihn am 26. und 31. März besuchen.

III. Inhalt der Gespräche

Die Frage „Was wird aus Deutschland?" war Kernpunkt der Gespräche. Diese verliefen mit Müller in einer offenen, kameradschaftlichen und ungezwungenen Atmosphäre. Gleiches galt auch für die Gespräche mit dem Sowjetoffizier. Wörtlich heißt es: „Der Mann hat Humor. Es besteht zwischen uns ein menschlicher Kontakt." Demgegenüber war Homann offenbar teilweise aggressiver und vertrat sehr viel deutlicher als sein stellvertretender Parteichef die sowjetische Linie.

Ein Brief Teskes an seinen östlichen Gesprächspartner vom 29. Oktober 1950 faßt die im Mai jenes Jahres geführte Unterhaltung wie folgt zusammen:

„Ich bin hier . . . vielleicht aus Pflichtgefühl gegen meine Heimat, den deutschen Osten, zu mancher in Westdeutschland maßgeblichen Persönlichkeit in Kontakt gekommen, weil ich die unglückliche Verhärtung des heutigen ostwestlichen Gegensatzes mit allen Folgeerscheinungen sehe. Sie dagegen, sehr verehrter Herr General, als süddeutsch geborener, erzogener und letzten Endes auch denkender alter königlich bayrischer Offizier arbeiten heute für den Osten. Sollte sich da nicht eine Brücke bauen lassen?"

(Teske überschreibt in seinem erwähnten Buch „Wenn Gegenwart Geschichte wird" das entsprechende Kapitel „Mißglückter Brückenschlag".)

Im bezeichneten Brief ist dann weiter zu lesen:

„Was ist zu tun? Ich sehe die einzige Verbindungsmöglichkeit auf soldatischer Grundlage. Die den Charakter ansprechende gleiche Erziehung zu gleichem Denken und Handeln im 100 000 Mannheer, aufbauend auf der gefestigten Schule der alten Armee von 1914, ist die Grundlage, auf der sich auch die größten politischen Gegensätze treffen können.

Herr General, die Sylvesternacht von 1812/13 von Tauroggen ist im Offizierskorps unvergessen. Damals war der gemeinsame nationale Gedanke stärker als die außenpolitische Bindung . . . "

Im abschließenden Grußwort, das auch „im Namen anderer Kameraden" ausgesprochen wird, findet sich speziell der Name „Speidel".

Die Berufung auf die „alten Werte der gleichen Erziehung . . . , der übernationalen soldatischen Grundsätze, die stärker seien als alle kommenden politischen Gegensätze", zieht sich als Grund- und Leitmotiv durch alle Gedankengänge der beiden ehemaligen Wehrmachtoffiziere.

Es ist nun natürlich unmöglich, den Gesamtverlauf der Kontakte im einzelnen nachzuzeichnen. Nach der Wiedergabe des Beginns, die absichtlich
ausführlich erfolgte, können im folgenden nur markante Stationen behandelt
werden. Auch die gesamtpolitischen Geschehnisse, die gleichsam den Rahmen
für das hier aufzuzeigende Spezialbild abgeben, müssen außer Betracht bleiben.

Zunächst reagierte jedenfalls der Ost-Partner durchaus positiv, wie der ver-
öffentlichte Brief[3] vom 24. November 1950 zeigt. Obwohl nachlesbar, seien
daraus einige Sätze zitiert, weil aus ihnen bereits die Gesamtvorstellung Müllers
erkennbar wird. So heißt es:

„Ich bin einig mit Ihnen, daß es für uns Deutsche mehr gibt als Gegensätze
zwischen Ost und West."

Nach dem Hinweis, daß er selbst keineswegs „nach dem Osten orientiert sei",
folgt:

„Ich schlage weder eine westliche noch eine östliche Politik vor, sondern
eine Politik, die der Wiedererlangung der Einheit und Unabhängigkeit Deutschlands dient und dadurch eine Garantie für die Erhaltung des Friedens bietet."

Interessant ist, daß der damals militärisch noch nicht engagierte Müller meint,
der von Teske erwähnte Yorck müsse „unter unseren ehemaligen Kameraden in
Westdeutschland erstehen".

Insgesamt geht aus dieser Antwort des ehemaligen Wehrmachtgenerals eine
mehr politisch als militärisch orientierte Ambition und Zielsetzung hervor.
Nachdem sein westlicher Briefpartner ihm im November 1951 von einer Orientierung „einer größeren Anzahl einflußreicher Mitglieder unserer großen Familie hinsichtlich der künftigen Eheschließung" berichtet und in seinem nächsten
Brief vom 26. Februar 1952 nochmals die „uns so bewegende Vereinigung der
beiden Konfessionen" anspricht, enthält die Antwort Müllers vom 8. April
1952 einen antiamerikanischen Akzent, aber auch eine Vorstellung, wie das
von beiden angesteuerte Ziel erreichbar ist. Er schreibt:

„Von der anderen, von Dir nicht genannten Seite her wollen wir unsere
Lebensweise ebenfalls nicht vereinnahmen lassen. ... [Wir] müssen ... alle
dafür sein, daß die vier Großen sich einigen und daß sie dann baldmöglichst
alle verschwinden."

Es ist geradezu erstaunlich, wie wenig die beiden hochrangigen ehemaligen
Soldaten von den damals sowohl unter den Siegermächten als auch innerhalb
der Bundesrepublik Deutschland geführten, z.T. leidenschaftlichen Diskussio-
nen um den Komplex „Wiedervereinigung / Wiederbewaffnung" berührt wurden. Jedenfalls enthalten die Niederschriften und Briefe dazu nichts, was ihre
eigene Konzeption irgendwie beeinflussen könnte. Im Gegenteil! Zumindest
Müller setzte sich über diese Ereignisse einfach hinweg und hielt an seiner Ziel-

---

[3] Ebd., S. 22 ff.

richtung fest. Dies belegt die Niederschrift über das Ergebnis von vier Zusammenkünften Anfang Mai 1952, in der es u.a. heißt, daß „unabhängig von dem, was die Großmächte beschließen", der General bei der Reihenfolge bleibt: gesamtdeutsche Wahlen, dann Friedensvertrag, und zuletzt Abzug der Besatzungsmächte. Eine Überwachung der Wahlen lehnte Müller ab, da die UN amerikahörig sei; statt dessen trat er für eine unmittelbare Vereinbarung zwischen den USA und der Sowjetunion nach vorangegangener „Gesamtdeutscher Initiative" ein.

Der folgende Absatz aus der gleichen Berichtsniederschrift gibt Aufschluß über einen weiteren Aspekt der Deutschlandfrage:

„Eine Neutralisierung Gesamtdeutschlands hält X nur für eine begrenzte Zeit [für] notwendig, nämlich solange, bis, zumindest in Europa, die starken politischen Spannungen aufgehört haben. (Er glaubt, daß Spannungen auf die Dauer sich nicht aufrecht erhalten lassen.) Die Aufgabe eines breiten neutralisierenden Streifens, bestehend aus Schweden, Gesamtdeutschland, Österreich und der Schweiz, soll sein, die zeitweilige Trennung der Weltgegner hervorzurufen und die vielen, durch gemeinsame Grenzen entstehenden Konflikte auszuschalten."

Solches Festhalten an Weg und Ziel ist um so bemerkenswerter, als die sogenannte Stalin-Note vom März 1952 (Vorschlag für Friedensvertrag; Schaffung nationaler gesamtdeutscher Streitkräfte usw.) allgemein und nun auch bei Teske ziemliche Verwirrung ausgelöst hatte, wie folgender Brief von ihm zeigt:

„Liebe Viktoria!
Über das großzügige Angebot Deiner Mutter zu unserer endlichen Vereinigung bin ich restlos begeistert. Ich bin nur neugierig, wie meine über alle Maßen skeptische Familie darauf reagieren wird. Du weißt: die gegenseitigen Schwiegereltern sind immer mißtrauisch.

Ein sofort angesetzter Familienrat hat natürlich gleich die entsprechenden Zweifel geäußert: wie denkt sich Deine Mutter die Durchführung? Sind wir von jedem elterlichen Zwang befreit? Können wir die Form unserer Lebensweise selbst bestimmen – und wenn ja, wie? – oder müssen wir weiter jeder seinem Elternteil gehorchen? Auch in mir tauchen Zweifel auf: will Deine Mutter durch ihre scheinbare Großzügigkeit Dich – und dadurch auch mich – ganz für ihre Bestrebungen gewinnen?

Wenn Du Zeit hast, schreibe mir darüber. Meine mit allen Zweifeln behaftete Familie braucht Aufklärung. Vor allem aber teile mir bald mit, wann wir uns treffen können, damit wir uns gründlich aussprechen.

Mit allen guten Wünschen grüßt Dich herzlich Deine G."

Wer im einzelnen zu dieser „Familie" gehörte, ist nicht genau auszumachen. In den eingesehenen Dokumenten tauchen neben dem bereits erwähnten General Speidel die Namen von v. Sodenstern, v. Viebahn, v. Gablenz, Burchert und

v. Natzmer auf. Jedenfalls wird daraus erkennbar, daß Herr Teske einen bestimmten Kreis ehemaliger hoher Wehrmachtoffiziere laufend über seine von ihm selbst eingefädelte Kontaktlinie informiert hat.

Die Reaktion seines östlichen Partners erfolgte anläßlich der bereits erwähnten und hinsichtlich des Inhaltes auszugsweise wiedergegebenen Begegnungen im Mai des gleichen Jahres.

Bereits im August 1952 trafen beide dreimal zusammen, wobei insgesamt neun Stunden konferiert wurde. Dies läßt das beiderseitige Interesse an einer regen Kontinuität des aufgenommenen Gesprächsfadens erkennen. Die Stalin-Note schien vergessen. Statt dessen wurde bei dieser Gelegenheit absichtlich von Teske die Aufrüstung in der DDR als möglicher Störfaktor für die Verwirklichung der gemeinsamen Absichten zur Sprache gebracht. Ob die folgende Antwort Müllers Ausweichen oder Überzeugung war, dürfte kaum endgültig zu klären sein. Jedenfalls bezeichnete er diesen Vorgang als „politischen Bluff", da weder die personellen noch die materiellen Voraussetzungen für die Aufstellung wirklich schlagkräftiger Verbände vorhanden seien. Außerdem fiel der Hinweis auf „das traditionelle Mißtrauen Moskaus gegenüber personell unzuverlässigen und materiell bürgerkriegsfähigen Satellitenarmeen".

Das Thema „Remilitarisierung" — insgesamt hinter politische Erwägungen zurückgedrängt — war bereits bei der Zusammenkunft im Mai 1952 kurzes Gesprächsthema gewesen. Müller hatte dazu bemerkt, daß dieser Fragenkreis seit Herbst 1951 innerhalb des sogenannten „Demokratischen Blocks" behandelt worden sei. Dabei sei eine Wiederbewaffnung mit folgender merkwürdigen Begründung als unvermeidbar angesehen worden: Moskau habe schließlich „gegen die Wiederbewaffnung Japans nicht nur keinen Widerspruch erhoben, sondern sie sogar befürwortet".

Das sehr bewegte Jahr 1953 (Tod Stalins, Aufstand am 17. Juni) ist dadurch gekennzeichnet, daß die unmittelbare Verbindung zwischen Teske und Müller erst gegen Jahresende wieder aufgenommen wurde. Wahrscheinlich ist diese Verzögerung auch darauf zurückzuführen, daß Müller Ende 1952 Chef des Stabes der Kasernierten Volkspolizei und damit zugleich 1. Stellvertreter des Innenministers geworden war. Denkbar ist auch, daß dessen Zurückhaltung mitbestimmt wurde durch die bis heute noch ungeklärten Folgen von Stalins Tod, nämlich die angebliche Absicht Malenkovs und Berijas, einen gemäßigteren Gesamtkurs der DDR herbeizuführen und Ulbricht fallenzulassen. Die Ausschaltung der sog. Zaisser-Herrnstadt-Gruppe in der DDR spricht dafür[4].

Jedenfalls beklagt Teske in einem Brief vom 4. September dieses Jahres, daß sein früherer Offizierskamerad sich ihm seit August 1952 „versagt" habe,

---

[4] Vgl. hierzu u.a. Fricke, Karl-Wilhelm: Die DDR-Staatssicherheit. Entwicklung, Strukturen, Aktionsfelder. Köln 1982, S. 206 ff.; und „Berija wollte die DDR liquidieren", in: DER SPIEGEL, Nr. 24/1983, S. 27 ff.

erwähnt dabei, daß dessen „derzeitige Stellung" die Ursache dafür sein könnte und schlägt deshalb die Fortsetzung der Gespräche über einen Mittelsmann vor.

So endeten die Reisen Teskes nach Ost-Berlin im September und November 1953 bei Heinrich Homann, einem führenden NDPD-Funktionär und Vizepräsidenten der Volkskammer. Aus den insgesamt sieben Zusammenkünften, in denen die bekannten Stoffgebiete erörtert wurden, ist lediglich die Behauptung Homanns interessant, die Wiedervereinigung sei unter allen Bedingungen vorstellbar, jedoch in keinem Fall mit Adenauer. Die auf beiden Seiten vorhandene Überschätzung des eigenen Tuns wird aus der folgenden Aufforderung besonders klar: „Teske solle umgehend nach Paris fliegen, um dort mit General Sp. Verhandlungen zu führen."

Die östlicherseits an Speidel geknüpften Erwartungen wurden auch bei den am 27. November und 1. Dezember zustandegekommenen Aussprachen mit Vincenz Müller mit folgender sinngemäßen Äußerung des letzteren wiederholt (Vermerk Teske):

„Zu seinem Friedenswillen hat er volles Vertrauen. Er hält ihn für den stärksten Friedensfaktor der westlichen Welt ... Er fragt, ob bzw. wo General Speidel Feinde habe."

Jedenfalls endete das Jahr 1953 mit der Ankündigung Müllers, daß sein Gegenüber „als Freund von ihm" in Karlshorst angemeldet sei. Die insgesamt sechs Begegnungen mit dem bereits genannten sowjetischen Oberst fanden im Dezember und dann mehrmals zwischen Januar und April 1954 statt. Inhaltlicher Schwerpunkt war weniger die Deutschlandfrage als die Einstellung der früheren Wehrmachtoffiziere zur Sowjetunion und zu den USA. Auch dabei stand an erster Stelle wieder General Speidel, den der Russe zusammen mit Dethleffsen und v. Bonin als „anständige und ehrenwerte Offiziere" charakterisierte, während Guderian und Kesselring abgelehnt wurden.

Aleksandrov legte im übrigen vier Fragen vor und bat um schriftliche Beantwortung:

1) „Welche Notwendigkeiten, Möglichkeiten und Wege gibt es für das Verständnis zwischen deutschen und sowjetischen Offizieren?"
2) „Die Stellungnahme verschiedener Offizierskreise zur pro-amerikanischen Politik. Wer unterstützt diese Politik? Wer ist dagegen? Gründe?"
3) „Welche Politiker und Industriellen würden eine prorussische Stellungnahme von Offizieren unterstützen?"
4) „Sind alle Offiziere, die im Amt Blank arbeiten oder mit ihm in Verbindung stehen, ‚Revanchisten'? Beispiele, warum nicht?"

Aus diesen gezielten Formulierungen ist abzulesen, daß die Sowjets offenbar der irrigen Meinung waren, daß in der Bundesrepublik eine größere Gruppe ehemaliger Offiziere existiere, die beeinflußbar sei. Dies geht auch aus der Bitte

7·

um „Kennzeichnung der Gesellschaft für Wehrkunde" und der wiederholten Frage, ob er General Speidel getroffen habe, hervor. Auch die begeisterte Aufnahme des Teskeschen Vorschlages einer Orientierungsreise durch Rußland, die nicht zustande kam, liegt auf dieser Linie.

Ob dieser die vier Fragen schriftlich beantwortet hat, ist anhand der Akten nicht eindeutig zu klären. Auf jeden Fall hat er zu dem Kernanliegen des Russen folgende „Stellungnahme" schriftlich fixiert und seinem Gesprächspartner zur Kenntnis gegeben:

„Wenn irgendwo in der Bundesrepublik, so herrscht in fast sämtlichen Kreisen ehemaliger Offiziere eine gewisse Kritik gegenüber einer proamerikanischen Politik."

Es folgt hierzu eine ausführliche Begründung, aus der hier nur die wichtigsten Stichworte wiedergegeben seien: schlechte Behandlung des deutschen Offiziers; mangelndes Vertrauen zur amerikanischen Armee mit Bezugnahme auf die Ereignisse in Korea; Verdacht, nur zu egoistischen Zwecken ausgenutzt zu werden.

Dabei unterließ es der frühere deutsche Generalstabsoffizier keineswegs, auf den gleichen Verdacht bezüglich der Sowjetunion und die noch schlechtere Behandlung durch die Russen hinzuweisen. Wörtlich heißt es dann weiter:

„Wenn trotz dieser kritischen Einstellung fast sämtliche — jedenfalls die maßgeblichen — Kreise ehemaliger Offiziere sich f ü r die Anlehnung an die USA entschieden haben, so deshalb, weil sie im Gegensatz zu einer Anlehnung an die Sowjetarmee hierin nicht nur das ‚kleinere Übel' sehen, sondern auch in den USA die Hüterin ihrer kulturellen Werte, abendländischer persönlicher Freiheit und traditioneller abendländischer Geistigkeit erblicken."[5]

Den Nutzen dieses Drahtes zu den Sowjets sah Teske, wie sein Bericht an die Organisation Gehlen ausweist, in der „Chance, das Bild, das sich die sowjetische Oberkommission vom westdeutschen ehemaligen Offizierkorps macht, nicht unwesentlich (im westlichen Sinne) zu beeinflussen". Er fügt hinzu: „Allein schaffe ich das nicht. Ich bitte deshalb gegebenenfalls möglichst frühzeitig um entsprechende Richtlinien." Diese gingen ihm nicht zu; statt dessen wurde er von dem für ihn zuständigen Sachbearbeiter (Oberst a.D. Rohleder) für Mitte Mai nach München gerufen. Was ihm dort eröffnet wurde, geht aus einem undatierten, wie folgt überschriebenen Vermerk hervor:

---

5 Zu den Offiziersgruppierungen und deren Zielsetzungen in der Bundesrepublik Deutschland siehe Meyer, Georg: Zur Auseinandersetzung um einen möglichen westdeutschen Verteidigungsbeitrag in den ersten Nachkriegsjahren, in: Anfänge westdeutscher Sicherheitspolitik 1945-1956. Bd. 1: Von der Kapitulation bis zum Pleven-Plan. Hrsg. vom Militärgeschichtlichen Forschungsamt. München/Wien 1982, S. 657 ff.; und Krafft Frhr. Schenk zu Schweinsberg: Die Soldatenverbände in der Bundesrepublik, in: Studien zur politischen und gesellschaftlichen Situation der Bundeswehr. Erste Folge. Witten/Berlin 1965, S. 96 ff.

„Warum ich trotz des Münchner ‚Rates' vom 13.5.1954, meine sämtlichen östlichen Verbindungen sofort abzubrechen, mich am 19. und 21. Mai 1954 noch einmal mit Oberst A. getroffen habe."

Die etwas ausführlicher beschriebenen Gründe lassen sich wie folgt zusammenfassen:

1) mögliche Änderung der politischen Situation;
2) Weiterführung der Verbindung zu Vincenz Müller, „nicht zuletzt wegen des Briefes von Sp. an mich, der mit der Weiterführung der Verbindung rechnete";
3) bei brüskem Abbrechen Gefahr der Bekanntgabe.

Zu Punkt 2) gibt ein Brief des Sohnes von General Speidel an Vf. wie folgt Aufschluß:

„Die Abkürzung ‚Sp' bezeichnet sicherlich meinen Vater, der nicht nur informiert war, sondern diese Kontakte unterhielt, zumal V.M. ein alter Kamerad von der Kriegsakademie war. Die Ziele der Reisen von Oberst Teske waren die, die Sie mit dem Seeckt'schen Begriff ‚Klammer des Reiches' umschreiben. An Notizen oder Briefen scheint nichts vorhanden zu sein, was sich aus der Natur der Sache erklärt ... "

Jedenfalls war es nun Aleksandrov, der nicht locker ließ: Er forderte Teske im Juli 1954 zu weiteren Besuchen auf, die jedoch nicht erfolgten. Die Gründe für die Entscheidung Gehlens, die ja auch von politischen Stellen ausgegangen sein kann, sind derzeit nicht aufklärbar. Er selbst beschreibt die Tätigkeit seines Dienstes für jenen Zeitabschnitt folgendermaßen:

„Unsere intensiv geführten Aufklärungsoperationen und Analysen führten doch immer wieder zu der Erkenntnis, daß die sowjetischen Initiativen zur Deutschen Frage lediglich den Zweck hatten, die Entwicklung und Konsolidierung der BRD zu verzögern ... und vor allem den Prozeß der Integrierung in den Westen psychologisch zu verhindern."[6]

Eine weitere Enttäuschung für den späteren Leiter des Militärarchivs war sein vergeblicher Versuch, im September wieder mit Vincenz Müller ins Gespräch zu kommen. Er gelangte immer nur bis zu seinem Intimfeind Homann, der ihn mit folgenden Worten abfertigte:

„Es warten Hunderte von Menschen, den General sprechen zu dürfen, Menschen, die wichtiger sind als Sie ... Und da kommen Sie und wollen ‚privat' mit ihm ‚plaudern'."

Andererseits warnte Homann den Unentwegten aus der Bundesrepublik unter Hinweis auf die Übertritte des Verfassungsschutzpräsidenten Otto John und des Bundestagsabgeordneten Schmitt-Wittmack: Er möge nicht unter den letzten sein, die ins richtige Lager kommen! Teske beschwerte sich am 31. Oktober

---

6 Gehlen, Reinhard: Der Dienst. Erinnerungen 1942-1971. Mainz/Wiesbaden 1971, S. 397.

1954 brieflich bei Müller über diese Behandlung, hat aber darauf nie eine Antwort erhalten.

Es folgte dann 1956 noch eine Art von Nachspiel durch einen – wahrscheinlich von Teske inszenierten – Besuch des Ministers Fritz Schäffer. Dieser hat auf Bitten von Teske 1964 einen Bericht darüber gefertigt, der in dem mehrfach erwähnten Band der Reihe „Die Wehrmacht im Kampf" nachzulesen ist. Da diese Quelle unter Umständen vielleicht nicht allgemein bekannt ist, seien die wichtigsten Passagen wiederholt: Nach einem Vorgespräch in der Wohnung Müllers fuhren beide zum sowjetischen Botschafter, wo

„zunächst General Müller sehr entschieden und klar ausführte, eine Verständigung sei nötig; alle militärischen Maßnahmen in der Ostzone seien Unsinn; die Deutschen der Ostzone ließen sich zu Kriegsmaßnahmen gegen Bundesdeutschland nie gebrauchen ... Ich wiederholte den Vorschlag, die *Völker* unbeeinflußt frei abstimmen zu lassen und nach dieser Abstimmung zu handeln. Der russische Botschafter hörte aufmerksam zu; ließ erkennen, daß er das Gespräch für wichtig halte und erklärte, es sofort nach Moskau zu berichten ... Vincenz Müller verließ (offenbar freudig erregt) die Gesandtschaft und glaubte schon, den Erfolg in Aussicht stellen zu können."

Der Minister warnte ihn, da schließlich keine „feste Zusage der verantwortlichen Regierungsseite" vorliege. Die Niederschrift Schäffers endet mit folgenden Sätzen:

„Vincenz Müller schrieb mir später, daß ein Verfahren der Ostzonenregierung gegen ihn liefe; ich konnte und wollte das Schreiben nicht beantworten. Inzwischen ist er, wie ich höre, das Opfer geworden ... Ich halte Vincenz Müller für einen Mann von Wahrhaftigkeit, der dem deutschen Gedanken dienen wollte."

Hier wäre hinzuzufügen, daß sowohl die Akte als auch das unter seinem Namen herausgegebene Buch[7] zahlreiche Zeitungsbeiträge und Aufrufe enthält, die teilweise polemische Ausfälle gegen die Bundesrepublik Deutschland und führende Persönlichkeiten zum Inhalt haben. Teske hat diese Tatsache wiederholt seinem Gegenüber vorgehalten. Die Erklärung lautete sinngemäß: Solche propagandistischen Abstecher seien unerläßlich für die Erhaltung seiner Position, entsprächen aber inhaltlich nicht seiner Grundeinstellung.

Der Vollständigkeit halber können zwei in der Akte befindliche Schriftstücke nicht unerwähnt bleiben, wobei allerdings eine ausführliche Inhaltswiedergabe aus Zeitgründen nicht möglich ist:

Zum einen handelt es sich um einen acht Seiten langen Briefentwurf, der aufgrund handschriftlicher Korrekturen wahrscheinlich von Teske selbst verfaßt wurde. Er trägt die Überschrift „Offener Brief an den stellvertretenden Innenminister der DDR, den ehemaligen General Vincenz Müller". Absender:

---

7   Müller, Vincenz: Ich fand das wahre Vaterland. Berlin (Ost) 1963.

„Einige Angehörige des Bundes ‚Stauffenberg' im Offizierkorps der Volkspolizei". Der Inhalt ist ein einziger Vorwurf, daß Müller den ursprünglichen
Plan eines „starken, aber neutralen Gesamtdeutschlands" durch Umschwenken
auf die sowjetische Linie verraten habe. Datum dieses Schriftstückes ist der
30. März 1953, also jener Zeitabschnitt, in dem Müller sich in Schweigen hüllte.
Vermutlich hatte Teske vor, auf diesem publizistischen Umweg seinen Ost-
Partner an die vielbeschworene gemeinsame Linie zu erinnern. Ob der Brief
abgesandt wurde, ist aus den Unterlagen nicht ersichtlich. Zweifel sind angebracht.

Das zweite Dokument trägt die Überschrift „Aktion Losowaja" (ohne Datum). Nach Diktion und Aufbau dürfte es von Teske stammen. In sechs klar
gegliederten Abschnitten erfolgt eine Charakterisierung Müllers, seiner Bedeutung (politisch und militärisch) für die DDR und der Gefahr, ihn als „Gegner"
zu haben. Hierzu heißt es wörtlich: „Deshalb Versuch, ihn für den Westen zu
gewinnen. Wertlos, und deshalb nur im Notfall anzuwenden, seine Gewinnung
auf gewaltsamem Wege (Entführung). Von unschätzbarem Wert dagegen die
Gewinnung eines vom Sieg des Westens überzeugten V. M." Als Ziel wird deshalb genannt: „V. M. bleibt in der Ostzone und arbeitet für sie weiter, tritt
aber in der entscheidenden Phase über." Falls dies nicht möglich sei: „gelegent-
liche Flucht".

IV. Wertung und Einordnung

Angesichts der relativen Eindeutigkeit dieses West-Ost-Kontaktes zwischen
früheren Wehrmachtoffizieren kann dessen Bedeutung zunächst verhältnismä-
ßig kurz zusammengefaßt werden, zumal eine unerwartete Neuauflage erfolgte,
die noch anzufügen bleibt:

1. Die Kontakte zwischen den beiden Hauptfiguren sind kaum typisch für
vielfache, ähnliche Versuche, weil beide offizielle Instanzen hinter sich hatten.

2. Beide überschätzten trotzdem ihre Wirkungsmöglichkeiten.

3. Gleichwohl wäre es voreilig, die damaligen Zielsetzungen aus heutiger
Sicht lediglich als utopisch abzutun. Im hier behandelten Zeitabschnitt war im
Gesamtbewußtsein in Deutschland der Wunsch nach Erhalt der Einheit vor-
herrschend. Gerade weil General Speidel als Mitwisser, offenbar sogar als Befürworter des aufgezeigten Stranges wiederholt genannt wurde, sei er als Zeuge
dafür herangezogen:

„So ging es darum, das Vaterland, ein einigendes Band, nach wie vor als
geistigen Auftrag und geschichtlichen Wert zu begreifen und an gute Traditionen anzuknüpfen ... An eine dauernde Teilung unserer Heimat dachte damals

niemand; wir alle glaubten, daß die Aufhebung der Besatzungszonen eine Frage von Monaten, höchstens Jahren sein würde."[8]

4. Unter diesem übergeordneten Gesichtspunkt darf es nicht verwundern, daß in dem vorgetragenen Fall die Frage der Wiederbewaffnung nur eine nachgeordnete Rolle spielte.

5. Daß die beiderseits als aufrichtig anzusehenden Versuche, das in der DDR und in der Bundesrepublik Deutschland vorhandene personelle Potential ehemaliger Wehrmachtoffiziere als politische mitgestaltende Größe einzubringen, gescheitert sind, darf kein Maßstab für ihren zeitgeschichtlichen Stellenwert sein[9]. Schließlich ist auch auf anderen Ebenen das gleiche Ziel und noch über den hier behandelten Zeitraum hinaus angesteuert worden[10]. Inwieweit die dargestellten Kontakte in politische Kanäle eingebracht worden sind, ist bislang nicht zu ermitteln.

6. Als unmittelbare Folgewirkung ist jedoch das Bestreben der östlichen Seite festzustellen, Einfluß auf bestimmte Gruppen ehemaliger Offiziere in der Bundesrepublik Deutschland mit veränderten Methoden und korrigierter Zielsetzung zu nehmen (z.B. Paulus-Initiativen für gesamtdeutsche Offizierstreffen, Gründung einer „Arbeitsgemeinschaft Gesamtdeutsche Soldatengespräche" mit eigener Zeitschrift „Das Gespräch"; in der DDR Schaffung einer „Arbeitsgemeinschaft ehemaliger Offiziere" mit einem monatlich erscheinenden eigenen Organ u.a.).

V. Neuauflage 1980

Vielleicht ist es keine Neuigkeit, daß der durch zahlreiche Veröffentlichungen und Vorträge bekannte ehemalige Brigade-General Heinz Karst im Herbst 1980 in Ost-Berlin und Potsdam Gespräche mit Offizieren der NVA, die sämtlich noch in der Wehrmacht Soldat waren, geführt hat. Er war dorthin in seiner Eigenschaft als Mitglied des James-Graf-Moltke-Kreises eingeladen worden. Auf drängende Bitten des Vf.s hat er diesem eine Niederschrift über diesen Besuch zur Verfügung gestellt. Aus dieser Unterlage sind einige Abschnitte vorzutragen.

Zunächst fand eine Vorbesprechung auf neutralem Boden, in Bregenz, statt, an der neben einem Schweizer Professor auch ein Oberst der NVA teilnahm.

---

[8] Speidel, Hans: Aus unserer Zeit. Erinnerungen. Berlin/Frankfurt a.M./Wien 1977, S. 231 u. S. 245.

[9] Meyer, S. 658, schreibt zu den Sondierungen von Müller, daß sie „nicht leichthin als propagandistisches Feuerwerk und Störmanöver abgetan werden" können.

[10] Vgl. u.a. Schmid, Carlo: Erinnerungen. Bern/München/Wien 1979, S. 647 ff.; dazu Siewert, Regina / Bielstein, Helmut: Gesamtdeutsche Kontakte. Erfahrungen mit Parteien- und Regierungsdialog. Opladen 1969; und Tudyka, Kurt P. (Hrsg.): Das geteilte Deutschland. Dokumentation und Meinungen. Stuttgart u.a. 1965.

Karst schreibt dazu: „Dieser war noch Wehrmachtoffizier und in Stalingrad übergelaufen. Er gab das freimütig zu."

Im übrigen wurde dem ehemaligen Bundeswehr-General bedeutet, daß (hier folgt volle Namensangabe, die der Vf. wie folgt umschreiben möchte) einer der acht Stellvertreter des Ministers für Nationale Verteidigung der DDR, der auch noch Wehrmachtsoldat war, „seine Hand über den Besuch halte, weil ohne diese ‚Schirmherrschaft' das nicht möglich sei". Bereits bei dieser Gelegenheit erklärte Karst:

„Ihr werdet aus mir keinen Kommunisten machen, ich aus Euch keine Demokraten. Aber als deutsche Patrioten und Soldaten in beiden deutschen Teilstaaten wollen wir uns unterhalten. So war das Grundmotiv. Die Sorge um den Frieden spielte eine Rolle."

Allein bei diesem einleitenden Satz wird der Leser an ähnliche Gesprächsinhalte zwischen Vincenz Müller und Hermann Teske erinnert.

Zwei Wochen später flog Karst in Begleitung eines Sprechers des vorerwähnten Kreises nach Berlin. Seine Schilderung dürfte eindrucksvoller sein, als der Versuch, sie gekürzt referatmäßig zusammenzufassen:

Nach der Schilderung des Empfanges durch einen stramm grüßenden Oberleutnant am Sektorenübergang Heinrich-Heine-Straße meldete sich außerhalb der Sicherheitszone ein Oberst bei Karst und fuhr ihn mit einem Pkw der NVA nach gemeinsamem Mittagessen im Prinzessinnen-Palais zur Krypta in der Hedwigskirche, wo „an der Bronzetafel für die Männer des 20. Juli eine Gedenkminute eingelegt und Kerzen aufgesteckt" wurden. Wörtlich heißt es weiter:

„Wir beobachteten vom Fenster aus ... den Aufmarsch der Wache im Parademarsch. Frage eines Oberst an mich: ‚Sind Sie bewegt, Herr General?' Antwort: ‚Natürlich. Das sind doch deutsche Jungens, die da unten marschieren, und es darf nie dazu kommen, daß wir jemals als Feinde uns gegenübertreten.' Danach Fahrt in die Stadt ... mit Gesprächen über Wiedervereinigung. ‚Dann müssen wir beide Staaten Abstriche machen.' – ‚Ja', war meine Antwort, ‚bis auf die Grenze: der Marxismus! Der ist tot, und den machen wir nicht mit.' Schweigen. ‚Die Mauer ist eine Schande.' Antwort: ‚Ja, für uns beide, für die BRD und die DDR!' Meine erstaunte Frage ‚Warum auch für uns?' wurde beantwortet: ‚Weil Sie uns immer die Diversanten herüberschikken!' Meine Antwort lachend: ‚Das glauben Sie doch selbst nicht, Genosse Oberst!'

Abends Einladung zum Essen in der kleinbürgerlich eingerichteten Wohnung des Oberst S. Gutes Essen und freimütiges Gespräch.

Am nächsten Tag Potsdam ... Wir besichtigen das Mausoleum Kaiser Friedrichs III. und der Kaiserin Friedrich. Von dort zur Friedenskirche zum Grab Friedrich Wilhelms IV. und seiner Gemahlin Elisabeth.

Fazit: mit Marxismus-Leninismus kann man auf die Dauer kein Staatsbewußtsein gründen. Daher der deutliche Rückgriff auf die Geschichte. Wörtlich

ein Oberst, als er mir eine Anzahl bibliophil ausgezeichneter Bücher zum Ge-
schenk überreicht: ,Die primitive Geschichtsbetrachtung, daß unsere Geschichte
begönne bei den Bauernkriegen und Marx, die haben wir lange zugunsten einer
differenzierteren Geschichtsauffassung aufgegeben.'"

Nach der Beschreibung einer Aufführung von „Figaros Hochzeit" im Neuen
Palais, bei der festliche Garderoben auffielen (hierzu auf Karsts Frage die Ant-
wort seines Begleiters: „Das sind die Funktionäre."), berichtet der General der
Bundeswehr weiter:

„Wir begegnen sowjetischen Offizieren. Kein Grußaustausch. Auf meine
Frage wird deutlich, daß die vielbeschworene deutsch-sowjetische Waffenbrüderschaft wenig fest ist. GSSD-Truppen leben völlig isoliert und ohne Kontakt mit der Bevölkerung. Offiziere der NVA fühlen sich den Sowjets militärisch überlegen.

Fazit: solche Gespräche sind gut und fördern Verständnis. Haßerziehung
kommt bei den meisten Soldaten und Offizieren nicht an. Weitere Kontakte
sind angebahnt. Dr. . . . (folgt der vom Vf. absichtlich ausgelassene Name einer
Herrn Karst politisch nahestehenden Persönlichkeit, die heute dem Bundes-
kabinett angehört) hat mich ermutigt, sie weiter zu pflegen."

Es erscheint kaum vorstellbar, daß hier eine Offiziersgruppe der DDR Deutschlandpolitik auf eigene Faust betrieben hat. Vielmehr ist die Erklärung wahrscheinlich, daß in den langfristigen Konzeptionen der DDR deutsch-deutsche
Offiziersbeziehungen − gerade mit Blick auf den sich vollziehenden Genera-
tionswechsel − als eine von vielen verwendbaren Karten für politisches Handeln
angesehen werden. Damit wäre der vor 30 Jahren auf gleicher Ebene geknüpfte
und doch damals als endgültig zerschnitten anzusehende Faden wieder aufgenommen. Ob und wie er jemals wirksam werden kann, steht dahin.

Siegfried Wolter

DIE NVA VON IHRER GRÜNDUNG
BIS ZUR „GRENZBEFESTIGUNG" DURCH DIE DDR
UND DIE STAATEN DES WARSCHAUER PAKTES
(1956–1961)

I. Politisch-ideologische und juristisch-rechtliche Probleme

Die Gründung der Nationalen Volksarmee (NVA), der regulären Streitmacht der DDR, erfolgte auf der Grundlage des von der Volkskammer am 18. Januar 1956 verabschiedeten „Gesetzes über die Schaffung der Nationalen Volksarmee und des Ministeriums für Nationale Verteidigung"[1]. Vor diesem Gesetzgebungsakt stand der Beschluß der II. Parteikonferenz der SED vom Juli 1952, mit dem planmäßigen Aufbau der Grundlagen des Sozialismus in der DDR zu beginnen. Darin war auch die Schaffung nationaler Streitkräfte vorgesehen[2]. Die Leninsche These „Eine Revolution, die sich nicht zu verteidigen versteht, ist nichts wert" erhob die SED in ihrer Militärpolitik zur Grundlage der gesamten Landesverteidigung, und schon in den Julitagen 1952 wurden Teile der Volkspolizei zur Kasernierten Volkspolizei (KVP) umgebildet[3].

Die II. Parteikonferenz der SED hatte eine umfassende Einschätzung der nationalen und internationalen Lage vorgenommen. Neben der Charakteristik des gesellschaftspolitischen Entwicklungsstandes der DDR waren der Platz und die Perspektive der DDR im sowjetischen Machtbereich bestimmt worden. Die Spaltung Deutschlands wurde dadurch weiter zementiert. Als die SED 1952 die Revolutionsphase des Sozialismus ausrief, war Stalins Klassenkampfdoktrin noch voll gültig. Sie hatte zum Inhalt, daß sich mit dem Fortschreiten der sozialistischen Revolution der Klassenkampf unweigerlich gesetzmäßig verschärfen müsse. „Das Werk des Genossen Stalin hat große theoretische und praktische Bedeutung", sagte Walter Ulbricht 1952. Es stelle „die geniale Weiterentwick-

---

[1] Siehe Zeittafel zur Militärgeschichte der Deutschen Demokratischen Republik 1949 bis 1968. Berlin (Ost) 1969, S. 61.

[2] Vgl. Dokumente der SED, Bd. IV. Berlin (Ost) 1954, S. 70-72. Siehe dazu auch Honecker, Erich: Das Rad der Geschichte läßt sich in Deutschland nicht mehr zurückdrehen, in: Zeitschrift für Militärgeschichte, 5. Jg. (1966), H. 1, S. 14.

[3] Für den zuverlässigen Schutz der Deutschen Demokratischen Republik. Berlin (Ost) 1969, S. 15.

lung der Lehren von Marx, Engels und Lenin für den neuen Zeitabschnitt, den Aufbau des Sozialismus und Kommunismus, dar"[4]. Entsprechend orientierte Ulbricht die Partei auf „die Verschärfung des Klassenkampfes und die Notwendigkeit der Stärkung der Staatsmacht in der Deutschen Demokratischen Republik"[5].

Der Generalsekretär des ZK der SED bezog sich auf sowjetische Erfahrungen bei der Festigung von Armee sowie von Straf- und Abwehrorganen, um den Klassenkampf auszufechten. „Das ist ein bedeutsamer Hinweis auf die Notwendigkeit der Stärkung der Staatsmacht auch in der Deutschen Demokratischen Republik", meinte der Parteichef[6] und ließ keinen Zweifel daran, „daß die Verschärfung des Klassenkampfes unvermeidlich ist"[7]. Der politische Druck in der DDR wuchs immer weiter an. Unerträglich wurde das Leben in der DDR. Der Aufstand der Arbeitermassen am 17. Juni 1953, der sich gegen das politische System, gegen die staatliche Macht, gegen SSD- und Justizwillkür richtete, war die Folge.

Der Widerspruch zwischen Volk und Partei, zwischen Volk und Staat war in den Tagen des Juni 1953 ein innerer Widerspruch. Es war zudem ein antagonistischer Widerspruch, der — gewaltsam und nicht einmal — *nur* mit den bewaffneten Kräften der DDR gelöst werden konnte. Es bedurfte dazu der Verhängung des militärischen Ausnahmezustandes durch den Oberkommandierenden der Gruppe der Sowjetischen Streitkräfte in Deutschland (GSSD). Sowjetdivisionen, hauptsächlich Panzerverbände, wurden gegen die aufständischen Volksmassen in der DDR eingesetzt.

Die militärische Niederschlagung des Volksaufstandes am 17. Juni 1953 hatte nun aber der Sowjetarmee einen weiteren Makel hinzugefügt. Ihre Besatzerfunktion trat offen zu Tage. Das gefiel der Sowjetführung keineswegs. Sie drängte die DDR, in kurzer Zeitspanne nationale Streitkräfte zu schaffen. Dabei war nicht nur daran gedacht, den gewonnenen militärgeographischen Raum zu erhalten, sondern auch zu zeigen, wie sich in der sowjetisch besetzten Zone ein dem Westen abgewandtes gesellschaftliches System herausbildet. Das äußere Symbol dafür war die NVA.

Die Nationale Volksarmee hat ihren Ursprung nicht allein in den im Jahre 1948 geschaffenen Polizeibereitschaften. Das waren die ersten militärischen Verbände nach dem Zweiten Weltkrieg. Sie wurden zügig von den Kommunisten weiterentwickelt. Starke Einheiten der bewaffneten Organe befanden sich in den Verstecken der Wälder von Mecklenburg, Thüringen, Brandenburg und Sachsen. Der Grundstein der NVA mit dem sowjetischen Einfluß, mit der

---

4   Ulbricht, Walter: Lehren des XIX. Parteitages der KPdSU für den Aufbau des Sozialismus in der Deutschen Demokratischen Republik. Berlin (Ost) 1952, S. 18.

5   Ebd., S. 47.

6   Ebd., S. 48.

7   Vgl. ebd.

Ausrichtung der Kommandeure auf die Diktatur des Proletariats war im Massenumfang in den sogenannten Antifaschulen in der Sowjetunion gelegt worden[8]. Dieser sowjetrussische Einfluß, der noch durch weitere Faktoren bewiesen werden kann, so z.B. durch die Bewaffnung und Ausrüstung, drückt den antinationalen Charakter der Streitkräfte der DDR aus. Nicht die äußere Hülle, die Uniform, nicht die bloße Namensnennung ist für den nationalen Charakter dieser Armee bestimmend. Man hat sich deshalb im Osten bemüht, sehr schnell solche Merkmale zu entwickeln, die als Gemeinsamkeiten des sog. sozialistischen Internationalismus bezeichnet werden konnten, um die nationalen Werte zu überspielen. Die Abgrenzungsstrategie der SED von der Bundesrepublik wurde unter der Parole von der gleichzeitigen Abgrenzung zweier Weltsysteme geführt. Es ging den DDR-Führern immer und zuerst darum, die angeblichen Gemeinsamkeiten mit der Sowjetunion herauszustellen und auf diese Weise Schritt für Schritt die nationalen Besonderheiten in den Hintergrund zu drängen, ja aus dem Bewußtsein der Menschen zu tilgen[9].

Diese hier angeführten Gesichtspunkte sind einige der politisch-ideologischen Bedingungen für das Entstehen der NVA. Zu den juristisch-rechtlichen Bedingungen sei darauf verwiesen, daß die DDR 1955 dem Warschauer Pakt beigetreten war und am 20. September 1955 den Staatsvertrag über die Beziehungen zwischen der DDR und der UdSSR abgeschlossen hatte. Damit übernahm die DDR weitere militärische Aufgaben, so z.B. die Grenzkontrolle gegenüber der Bundesrepublik Deutschland. Auf Initiative der SED-Fraktion beschloß die Volkskammer ebenfalls noch im September 1955 das „Gesetz zur Ergänzung der Verfassung" in Fragen der Landesverteidigung[10]. Nun stand dem Aufbau der DDR-Armee von „rechtlicher Seite" nichts mehr im Wege. Was auch immer zum Aufbau der NVA erforderlich war, sie ist innerer Bestandteil des Sozialismus. Die erste Lehre des sozialistischen Staates besagt

---

[8] Protokoll der Konferenz des Instituts für Deutsche Militärgeschichte am 27. und 28. März 1963. Als Manuskript gedruckt. Potsdam 1963. Generalmajor Pech sagte dort, „daß zwischen den bewaffneten Kräften der Deutschen Demokratischen Republik und der Bewegung ‚Freies Deutschland' eine direkte Verbindung besteht. Sie zeigt sich vor allem hinsichtlich ihres politischen Charakters. Die Bewegung ‚Freies Deutschland' war darauf gerichtet, eine starke demokratische Staats- und Gesellschaftsordnung in Deutschland zu errichten. Diese ist in einem Teil Deutschlands, in der DDR, Wirklichkeit geworden. Die Nationale Volksarmee ist ein wichtiger Bestandteil davon" (S. 205). Vgl. dazu auch Bechler, Bernhard: Aus der Arbeit des NKFD bei der 2. Belorussischen Front im Jahre 1945, in: Befreiung und Neubeginn. Berlin (Ost) 1966, S. 122 ff. Zu diesen Fragen äußert sich auch Hamacher, Gottfried, ebd., S. 132 ff. Zur Rolle des NKFD beim Aufbau der NVA vgl. Fischer, Alexander: Militärische Tradition in der DDR, in: Die Nationale Volksarmee der DDR im Rahmen des Warschauer Paktes. München 1980, S. 101 ff.

[9] Admiral Verner, Waldemar: 25 Jahre DDR – 25 Jahre Militärpolitik zur Sicherung des Friedens und zum Schutz des Sozialismus, in: Schriftenreihe für den Referenten, Heft 10/74, Sektion Militärpolitik. Als Manuskript gedruckt, hrsg. vom Präsidium der URANIA, S. 5.

[10] Entnommen aus: Militärpolitik für Sozialismus und Frieden. Berlin (Ost) 1976, S. 42. Siehe dazu auch Hacker, Jens: Die Vertragsorganisation des Warschauer Pakts und die Rolle der DDR, in: Die Nationale Volksarmee der DDR, S. 12 ff.

nach Aussage des DDR-Admirals Waldemar Verner nämlich, „daß der Schutz des sozialistischen Vaterlandes durch reguläre sozialistische Streitkräfte eine allgemeingültige Gesetzmäßigkeit der sozialistischen Revolution ist"[11]. Das ist ein entscheidender Beweis dafür, daß aus den inneren Verhältnissen des Sozialismus die Armee zur Notwendigkeit wird.

II. Aufstellung der Verbände

Die Aufstellung der Verbände der NVA fiel mit einem neuen Entwicklungsabschnitt der DDR zusammen. Durch fleißige Arbeit der schaffenden Menschen, des Strebens nach besserem Leben war die Wirtschaft in der DDR in Gang gekommen. Die ersten größeren Investitionen nach dem Kriege brachten Produktionsergebnisse hervor, die gleichzeitig für die Rüstungswirtschaft der DDR genutzt werden konnten. Warum aber die Aufstellung der Teilstreitkräfte, insbesondere der zahlenmäßig starken Landstreitkräfte, so schnell realisiert werden konnte, ist nicht auf Wunderkräfte der SED zurückzuführen. Wenn der am 19. Januar 1956 von Ministerpräsident Grotewohl zum Minister für Nationale Verteidigung ernannte Generaloberst Willi Stoph schon am 30. April 1956 einen Truppenteil der 1. mechanisierten Division die Truppenfahne überreichen konnte[12], so hat diese Leistung nicht erst mit dem 18. Januar 1956 begonnen. Darin zeigt sich vielmehr die seit langem betriebene getarnte Wiederbewaffnung der DDR. Auf die HVA und KVP der zurückliegenden Jahre verweisend, erklärte Admiral Waldemar Verner im Jahre 1974: „Diese weitsichtige Sicherheitspolitik unserer Partei- und Staatsführung ermöglichte es uns 1956, gestützt auf ausgebildete Führungskader und militärisch geschulte Mannschaften und Unterführer, in kürzester Frist Stäbe, Truppenteile und Verbände der NVA aufzustellen."[13] Die Pariser Verträge lieferten den SED-Propagandisten für die längst eingeleitete Aufstellung der NVA-Verbände nur die nötige außenpolitische Begründung. Die DDR-Industrie hatte schon lange vor dem Gesetz vom 18. Januar 1956 mit der Produktion der neuen Uniformen und der Ausrüstungsgegenstände begonnen.

Diese seit langem als Polizeikontingente getarnten militärischen Kräfte der DDR wurden nun aus politischen und strategischen Überlegungen als NVA-Verbände aufgestellt. Der langjährige Stellvertreter des Ministers für Nationale Verteidigung und Chef der Politischen Hauptverwaltung der NVA, Admiral Verner, sagte unzweideutig, daß die KVP „im Rahmen ihrer Möglichkeiten

---

11 Verner, S. 10.

12 Zeittafel, S. 64-68.

13 Verner, S. 9. Siehe auch Militärpolitik für Sozialismus und Frieden, S. 43. Dort wird hervorgehoben, wie notwendig und vorausschauend solche Maßnahmen wie der Aufbau kasernierter Polizeitruppen und eigener Offiziersschulen in den vergangenen Jahren gewesen sei.

erforderlichenfalls Teilaufgaben des militärischen Schutzes nach außen erfüllen konnte"[14]. Für die DDR war es immer schwieriger geworden, ihre Truppen in dieser Größenordnung unter den Bedingungen der Revolution im Militärwesen als Polizeikräfte zu deklarieren. Das waren schon sonderbare Polizisten, die mit dem Panzer T 34 ausgerüstet waren.

Die Militärgeschichtsschreibung der DDR hebt hervor, daß bei der Aufstellung der NVA alle gesellschaftlichen Bedingungen der aktuellen Praxis berücksichtigt worden seien. Dazu gehörten vor allem die potentiellen Möglichkeiten der Ökonomie des Landes. Inwieweit war sie in der Lage, eine Verteidigungsindustrie zu verkraften? Und in welchem Ausmaß? Konnte der Stand der DDR-Industrie den Anforderungen der Revolution im Militärwesen gerecht werden? Zu berücksichtigen waren darüber hinaus die militärgeographische Lage, die Besonderheiten eines möglichen Kriegsschauplatzes, die Militärdoktrin, die Kaderfrage und viele andere Probleme[15].

Wenn von den militärischen Führungskadern der DDR, so auch vom früheren Minister für Nationale Verteidigung Armeegeneral Heinz Hoffmann, der schnelle und reibungslose Vollzug der Aufstellung der Verbände und die Einrichtung der Stäbe als grandiose Leistung der SED gepriesen wird, so soll auf diese Weise ein stark akzentuierter Nullpunkt, ein Anfangsdatum mit den folgenden Gesichtspunkten gesetzt werden:

1. Die Schaffung der NVA habe nach dem 18. Januar 1956 begonnen.

2. Die Notwendigkeit, reguläre Streitkräfte zu schaffen, sei der Aggressivität des „wiedererstarkenden deutschen Imperialismus" entsprungen.

3. Die NVA habe als moderne Armee so schnell aufgebaut werden können, weil die sowjetischen Waffenbrüder diesen Prozeß mit Tatkraft unterstützten.

Zudem war die Gründung der NVA als Ausdruck „einer konsequenten Friedenspoltik" gewertet worden[16].

Diese Aussagen bedürfen der Korrektur. In Wirklichkeit war die Wiederbewaffnung in der DDR schon 1956 sehr weit vorangeschritten. Sie hatte in jedem Fall früher begonnen als in der Bundesrepublik Deutschland. Die Schaffung der NVA war in den Aufbaumonaten des Jahres 1956 in erster Linie ein Umformieren und Neuuniformieren der bereits bestehenden kasernierten Einheiten der bewaffneten Organe der DDR gewesen. Von den Potsdamer Militär-

---

14 Verner, S. 8.; vgl. dazu Hacker, S. 15.

15 Für den zuverlässigen Schutz, S. 43 ff.; vgl. dazu auch Rühmland, Ullrich: Organisation und Ausrüstung der Streitkräfte der DDR im Vergleich zu den übrigen WP-Staaten, in: Die Nationale Volksarmee der DDR, S. 112 ff.

16 Militärpolitik für Sozialismus und Frieden, S. 42. Vgl. auch Glaser, Günther: Der Schutz der sozialistischen Sache liegt in guten Händen (Wie 1956 die Nationale Volksarmee entstand), in: „Neues Deutschland" vom 18./19. August 1979, S. 15.

historikern werden die militärpolitischen Prinzipien, die dem Aufbau der NVA als Koalitionsarmee zugrunde lagen, in drei Punkten formuliert:

„Fest zusammengeschlossen um die Sowjetunion und ihre Militärmacht galt es,

1. durch die Vereinigung der Anstrengungen der sozialistischen Staaten zum Schutz des Sozialismus deren militärische Kraft qualitativ zu verstärken und optimale Voraussetzungen für günstige äußere Bedingungen beim sozialistischen Aufbau zu schaffen;

2. durch die enge Zusammenarbeit bei der gemeinsamen Entwicklung der Streitkräfte und bei allen Fragen der sozialistischen Landesverteidigung die Vorzüge des Sozialismus für die Gewährleistung einer überlegenen Verteidigungskraft zu nutzen;

3. durch die allseitige Vorbereitung auf die kollektive Abwehr einer imperialistischen Aggression und die Schaffung wichtiger und erprobter Voraussetzungen des Zusammenwirkens der Streitkräfte bereits in Friedenszeiten die Abschreckungswirkung maximal zu erhöhen."[17]

Der unmittelbare Aufbau der NVA wurde durch den Befehl 1/56 des Generaloberst Willi Stoph vom 10. Februar 1956 eingeleitet[18]. Gleichzeitig war bereits das Kollegium des Ministeriums für Nationale Verteidigung als beratendes Organ des Ministers konstituiert worden[19]. Das Ministerium für Nationale Verteidigung wurde in Strausberg bei Berlin geschaffen. Im Jahre 1956 konnte es sich die DDR noch nicht erlauben, im offenen Bruch den alliierten Status zu verletzen. Strausberg war nicht weit von Berlin entfernt und verkehrsgünstig gelegen. Die in Berlin wohnenden Offiziere der KVP, die im Ministerium für Nationale Verteidigung arbeiteten, kamen in der Regel mit einer Fahrtzeit von 1 bis 1 1/2 Stunden zur Dienststelle. Die Partei- und Armeeführung fand es gut, abseits vom Großstadtleben und ungestört die Militarisierung des ganzen Landes einschließlich Berlins zu betreiben. In Strausberg setzte damals ein großes Bauprogramm ein. Dienstgebäude und Wohnheime für Soldaten entstanden, dazu eine Wohnsiedlung aus Reihenhäusern für Generäle und leitende Offiziere. In dem in unmittelbarer Nachbarschaft zu Strausberg gelegenen Eggersdorf entstand das Kommando Luftstreitkräfte / Luftverteidigung. Chef wurde zunächst Generalmajor Heinz Zorn, ab 1. September 1956 Generalmajor Heinz Keßler. Rostock-Gehlsdorf wurde Standort für das Kommando der Seestreitkräfte mit dem Chef Vizeadmiral Waldemar Verner. Das Kommando Landstreitkräfte entstand Jahre später in Geltow bei Potsdam unter Generaloberst Horst Stechbarth.

---

17 Ebd.

18 Vgl. Zeittafel, S. 64.

19 Ebd. Zu den militärischen Führungsorganen vgl. Hacker, S. 30-36.

Der sowjetischen Militärdoktrin gemäß wurden die DDR-Verbände von Beginn an zur Lösung von weitreichenden Angriffsoperationen zur „Vernichtung des Gegners auf seinem Territorium" geschaffen. Sie wurden dementsprechend strukturiert und ausgerüstet. „Die Landstreitkräfte", so erinnert sich Generaloberst Stechbarth, „konnten dank der brüderlichen Hilfe der Sowjetunion 1956 auf einem Niveau ausgerüstet werden, das im allgemeinen dem der anderen Bruderarmeen entsprach"[20]. Diese Ausrüstung der NVA genügte den Anforderungen der Revolution im Militärwesen, die Mitte der fünfziger Jahre einsetzte. Zudem wurden bei der Aufstellung der Mot.-Schützenverbände wichtige Erkenntnisse der sowjetischen Militärwissenschaft im Hinblick auf ihre Organisation und Struktur berücksichtigt[21]. Zum Kampfwert der NVA-Landstreitkräfte muß gesagt werden, daß die Mot.-Schützen nicht mehr mit der klassischen Infanterie zu vergleichen waren. Automatische Handfeuerwaffen lösten das Gewehr ab. Die Mot.-Schützengruppe erhielt zusätzlich panzerbrechende Waffen. Mot.-Schützentruppen waren nunmehr vollmotorisiert. Sie besaßen schwimmfähige, gepanzerte und geländegängige Gefechtsfahrzeuge, die über Kanonen und Panzerabwehrlenkraketen verfügen. Dadurch sind sie vor allem zu raschen und wirkungsvollen Angriffshandlungen befähigt. Bei den Panzertruppen wurde der T 34 der Anfangsjahre durch neueste sowjetische Panzertypen mit weiterentwickelten Kampfeigenschaften ersetzt. Stabilisierte Kanonen mit automatisierten Entfernungsmeß- und Zieleinrichtungen erhöhten die Feuerkraft der Panzer, die auch für die Unterwasserfahrt genutzt werden konnten, wesentlich. Neben einer beträchtlich weiterentwickelten Rohrartillerie, darunter Haubitzen auf Selbstfahrlafetten, traten taktische und operativ-taktische Raketen. Auch die Truppenluftabwehr, die jüngste Waffengattung der Landstreitkräfte, erhielt eine moderne Bewaffnung.

Diese aus der Sowjetunion eingeführte Bewaffnung der NVA demonstriert anschaulich die unbedingte Abhängigkeit der Volksarmee der DDR von der UdSSR. Die Beschränkung der Verfügung über wenige Kampfsätze ist ein Beispiel für die Kontrolle durch die Sowjetunion. Im übrigen war unschwer aus der Dislozierung der Verbände der NVA zu entnehmen, daß sie eine Ergänzung der zwanzig Sowjetdivisionen auf dem Territorium der DDR darstellen. Beim Aufbau der Seestreitkräfte und der Luftstreitkräfte / Luftverteidigung war der Einfluß der Sowjetunion noch unmittelbarer. Diese intensiv technischen Einheiten, die einen hohen materiellen und wissenschaftlich-technischen Aufwand erforderten, waren ohne sowjetischen Anteil in der gebotenen Kürze nicht zu schaffen.

Die Bewältigung der Kaderfrage in den aufzustellenden Verbänden und Stäben war für die Einheitspartei eine herausragende Aufgabe. Von der SED

---

[20]   Generaloberst Stechbarth, Horst: Bewußt handelnde Soldaten erfüllen Klassenauftrag, in: „Neues Deutschland" vom 14./15. Februar 1981, S. 13.
[21]   Ebd.

vorgeschlagene Genossen für die militärische Spitzengliederung fanden die Zustimmung der sowjetischen Berater. Diese Soldatenkader waren zunächst geistige Träger des Kultes um Stalin. Diese Stalin-Verehrung fand nicht nur im Pol015unterricht in der Truppe, sondern vor allem an den Ausbildungseinrichtungen der NVA, z.B. an den Offiziersschulen, ihren Niederschlag. An diesen „Kaderschmieden", ja in der ganzen NVA wurde der Stalinismus zur alles bestimmenden Lehre erhoben.

Zum Chef der Hauptverwaltung Kader wurde der Altkommunist Ottomar Pech berufen. Vom Ministerium für Staatssicherheit in die NVA eingesetzt, hatte dieser Generalleutnant für die richtige Verteilung der Kader zu sorgen und die Leistungsanforderungen an den NVA-Offizier herauszuarbeiten. Hauptsächlich aber ging es um die richtige Beurteilung der Offiziere gemäß Fragebogen, Lebenslauf und militärischer Praxis. Die Entwicklung von Fähigkeiten der Offiziere zur Konspiration beim Eindringen bis in die private Sphäre der Unterstellten war ein spezielles Anliegen der Kaderleiter. Solche Aufgaben lösten die Offiziere in Zusammenarbeit mit den Angehörigen der MfS-Sondereinheit „Verwaltung 2000"[22].

Generalleutnant Pech hat sich selbst darüber geäußert, daß die Kaderfrage ein erstrangiges Problem war. Er analysierte die Kader der Bewegung „Freies Deutschland" und legte dar, wie die zwei Gruppen des NKFD (Altkommunisten und Offiziere der deutschen Wehrmacht) für die Besetzung der „Kommandohöhen" der NVA ohne große Reibungen genutzt worden waren[23]. „Allein in den Führungsstäben ab Division aufwärts", so legte Pech im Jahre 1963 dar, „sind gegenwärtig 60 Stabsoffiziere tätig, die Mitglieder der Bewegung ‚Freies Deutschland' waren ... Darüber hinaus sind fast 200 Offiziere in diesen Führungsstäben tätig, die eine antifaschistische Schule in der Sowjetunion besucht haben. Von ihnen arbeiten heute mehr als zwei Drittel als Kommandeure und Spezialisten und ein Drittel als Partei- und Politarbeiter"[24]. Mit diesen Militärkadern konnte die Hörigkeit der NVA gegenüber der Sowjetunion garantiert werden. Offiziell wird diese Tatsache als Ausdruck des proletarischen Internationalismus propagiert.

Vor der Grenzabriegelung von 1961 gab es kein Wehrpflichtgesetz. Die NVA mußte bis zu diesem Zeitpunkt ihre Truppen und Einheiten mittels einer vielschichtigen Werbung auffüllen. Von den DDR-Militärhistorikern wird diese Art der Kaderbeschaffung als „Freiwilligenprinzip" bezeichnet[25]. Die Werbung von jungen Menschen für die bewaffneten Organe war eine komplizierte Aufgabe. Um die notwendigen Sollzahlen zu erfüllen, kam die Methode der Ver-

---

22 Forster, Thomas M.: Die NVA – Kernstück der Landesverteidigung der DDR. Köln [6]1983, S. 136.

23 Protokoll, S. 202 ff.

24 Ebd., S. 203 f.

25 Militärpolitik für Sozialismus und Frieden, S. 47.

sprechungen, aber auch die des Drucks zur Anwendung. Es mußte erreicht werden, daß auch ohne Einberufungsbefehle die Auffüllung der Verbände im halbjährlichen Zyklus erfolgen konnte, um eine planmäßige Gefechtsausbildung zu ermöglichen[26]. Am 15. April 1956 übernahmen Bezirks- und Kreiskommandos der NVA die Angelegenheiten der bis dahin bestehenden Registrierverwaltungen und sorgten für die personelle Sicherstellung der Organe der Landesverteidigung der DDR. Da den Verbänden und Einheiten ständig neue Offizierskader zugeführt werden mußten, war die Heranbildung in Lehreinrichtungen der Sowjetarmee und der NVA mit großem Aufwand betrieben worden. Offiziershochschulen der Teilstreitkräfte und der Grenztruppen mit einer Lehrdauer von drei bis vier Jahren, Unteroffiziersschulen und Schulen für Spezialdienste entstanden. Für die Besetzung der Spitzenpositionen in der NVA brauchte man akademisch ausgebildete Fachleute. Zu diesem Zweck wurde durch den Vorsitzenden des Nationalen Verteidigungsrates, Walter Ulbricht, am 5. Januar 1959 die Militärakademie der NVA „Friedrich Engels" in Dresden eröffnet[27].

Zur Pflege der Militärgeschichte einschließlich der Geschichte der NVA sowie zur Auseinandersetzung mit bzw. zur ideologischen Diversion der Bundeswehr und der NATO entstanden in den Gründungsjahren der NVA das Institut für Deutsche Militärgeschichte in Potsdam (heute Militärgeschichtliches Institut der DDR), das Deutsche Armeemuseum in Potsdam und in Dresden (Hauptsitz ist inzwischen Dresden) sowie das Deutsche Militärarchiv in Potsdam (heute Militärarchiv der DDR). Die Militärbibliothek beim MfNV und das Militärverlagswesen erhielten Investitionen größten Umfangs, damit diese Einrichtungen den sog. Klassenauftrag der Armee mit ihren Mitteln noch besser realisieren konnten. Ferner wurde ein Armeefilmstudio geschaffen.

Durch verstärkten politischen Einfluß aller Wehrerziehungskräfte — von der Jugendorganisation FDJ, der GST, den Organen des Staates, den Abgeordneten, der Volksbildung bis hin zu DFD und FDGB, zu DSF und anderen Massenorganisationen — gelang es, die Jugend der DDR für eine mindestens dreijährige Dienstzeit so zu bearbeiten, daß die Verbände der NVA zum Jahresende 1956 aufgestellt werden konnten. Am 1. Dezember 1956 traten alle Befehle der KVP außer Kraft. Die KVP war mit diesem Tag aufgelöst. Der Verteidigungsminister gab zur Kenntnis, daß die Ausbildungsprogramme trotz der Aufstellungsphase erfüllt wurden. Die NVA war also schon im ersten Jahr ihres Bestehens in der Lage, Gefechtsaufgaben bis zum Verband zu lösen[28].

Um die hohen Anforderungen an die Soldaten ohne Widerstand realisieren zu können, den zunehmenden Disziplinschwierigkeiten, vor allem aber der Fahnenflucht gewachsen zu sein, reichten die Befehle und Weisungen des

---

26 Zeittafel, S. 114.
27 Ebd., S. 117.
28 Ebd., S. 77.

Ministers für Nationale Verteidigung nicht aus. Die Soldaten spürten schnell, wie sehr sie in der NVA gegen ihre eigenen Interessen mißbraucht wurden, wie sich die Klassenkampfparolen zum Nachteil des eigenen Lebens auswirkten. Sie sahen daher nicht selten als letzten Ausweg die Desertion in die Bundesrepublik Deutschland. Bereits am 11. Dezember 1957 verabschiedete die Volkskammer das „Gesetz zur Ergänzung des Strafgesetzbuches". Darin sind die Militärstraftaten enthalten. Die Militärgerichtsbarkeit der DDR trat damit an die Öffentlichkeit. Das Strafgesetzbuch der DDR umfaßt in seinem 9. Kapitel die Militärstrafraten mit insgesamt 33 Paragraphen. In neun Fällen droht dem NVA-Soldaten die Todesstrafe. Der § 283, der schwere und besonders schwere Fälle qualifiziert, legt im Absatz 2 fest: „Militärstraftaten nach § 254 Absatz 4, § 256 Absatz 4, § 257 Absatz 3, § 259 Absatz 4, §§ 260, 267 Absatz 3, § 276 Absatz 3, §§ 277 und 278 können in besonders schweren Fällen mit lebenslänglicher Freiheitsstrafe oder mit der Todesstrafe bestraft werden."[29] Mit diesen menschenfeindlichen Justizdrohungen gegen Volk und Soldaten ging die Partei- und Staatsführung zu Beginn der Existenz der NVA ans Werk, um diese deutsche Streitmacht als Koalitionsarmee des Warschauer Vertrages zu schaffen.

III. Politisch-ideologische und militärische Ausbildung

Die Organisation und die Durchführung der politisch-ideologischen und der militärischen Ausbildung sowie die Erreichung von Einsatzstufen bis zum Zusammenwirken mit der Sowjetarmee zur Lösung von Gefechtsaufgaben wurden von der ersten Stunde der Aufstellung der Verbände an gewährleistet. Das Ministerium für Nationale Verteidigung hat in Weitergabe der Parteidirektive des ZK der SED als höchsten Parteiauftrag für die Armee die Vorbereitung jedes Soldaten auf einen möglichen Krieg als Sinn des Soldatseins herausgestellt. Die Armeeangehörigen sollten bereit und fähig sein, unter Führung der SED und in fester „Einheit von Volk und Armee" in der politischen wie in der gefechtsmäßigen Ausbildung an der Seite der Sowjetarmee und der anderen Armeen des Warschauer Vertrages ihre „internationalistische Pflicht zur Sicherung des Friedens und für den zuverlässigen Schutz des Sozialismus" unter allen Bedingungen zu erfüllen.

Der politisch-ideologische Zustand der Armee ist gemäß der Leninschen Lehre eine gesamtgesellschaftliche Erscheinung. Siegen wird nach dieser Auffassung der, der über den besseren Rückhalt in den Massen und über eine stabile Gesellschaftsordnung verfügt. So gut die Verteidigungsbereitschaft der Massen ist, so gut ist die Armee. Die politisch-ideologische Ausbildung in

---

29 Strafgesetzbuch der DDR. Berlin (Ost) 1981, S. 70. Siehe hierzu auch Rühmland, S. 123 f. und S. 134.

der NVA sollte den Soldaten zielsicher auf die Anforderungen, auf die Härte und auf die persönlichen Opfer während der Armeezeit ausrichten. Das war vor allem die Aufgabe eines jeden Vorgesetzten. Es gab nicht den „Nur-Fachmann". Streng wachte die Partei darüber, daß ihr Einwirken von allen Verantwortlichen mit Tatkraft erfolgte. Um dieses auch professionell zu gewährleisten, waren die Politorgane in der NVA geschaffen worden. Sie trugen gegenüber der Partei die volle Verantwortung für den politisch-ideologischen Zustand, für die Kampfmoral der Truppe. Entscheidend, besonders im Hinblick auf die Entwicklung der NVA als Klassenarmee, war die führende Rolle der SED. Darin bestand für das ZK der SED das Fundament für die politisch-moralische Einheit der Streitkräfte der DDR und für ihre militärische Kampfkraft. Die führende Rolle der Partei und ihre Richtlinien in der NVA zu verwirklichen, oblag den Kommandeuren, Politorganen und Parteiorganisationen, ja jedem Parteimitglied.

Die konkrete Linie für die Führung der Armee durch die marxistisch-leninistische Partei – die anderen Parteien der DDR sind davon ausgeschlossen – entwickelte das Politbüro gemeinsam mit leitenden Kadern der NVA auf der Eggersdorfer Tagung vom Juni 1957. Schon am 17. Januar 1958 erging der Politbürobeschluß „Über die Rolle der Partei in der Nationalen Volksarmee". Ferner bestätigte das ZK der SED die Bestimmungen und Instruktionen für die Arbeit der Politorgane sowie der Partei- und FDJ-Organisationen. Mit diesen Arbeitsrichtlinien ausgestattet, war das Politorgan ein der Partei verantwortliches Organ. Nicht die örtlichen Parteiorgane waren für die Partei in der NVA zuständig, sondern das Politorgan der jeweiligen Armee-Einheit, das im übrigen direkt dem ZK der SED, Abteilung für Sicherheit, untersteht.

Schon auf dem V. Parteitag der SED 1958 wurden fünf Generäle der NVA in das ZK der SED gewählt[30]. Die führende Rolle der Partei wurde so interpretiert, daß jeder Befehl eines Vorgesetzten als Parteiauftrag zu betrachten ist. Die militärische Einzelleitung sollte dadurch gestärkt werden. Die Kommandeure trugen die volle Verantwortung für die Verwirklichung der Militärpolitik der SED in ihren Einheiten.

Als ersten theoretischen und praktischen Ausgangspunkt der Partei galt es zu klären, daß der innere Zusammenhang von Macht- und Militärfrage im Sozialismus nur voll zu erfassen ist, wenn man ihr internationalistisches Wesen beachtet. Das bedeutet, „die historische Mission der Arbeiterklasse" an der Seite der Verbündeten, vor allem der Sowjetunion, zur völligen Vernichtung des Imperialismus „mit Erfolg" zu realisieren. Den DDR-Soldaten wird im Politunterricht und in anderen Formen der Politarbeit erklärt, daß er zu den Siegern der Geschichte gehört. Mit diesem Überlegenheitsdenken soll der Soldat in der DDR-Armee an sein Militärhandwerk herangehen.

---

30 Militärpolitik für Sozialismus und Frieden, S. 53. Es handelt sich um die Generäle Rudolf Dölling, Heinz Hoffmann, Heinz Keßler, Willi Stoph und Waldemar Verner.

Ein weiterer Schwerpunkt war die Herausbildung des Klassencharakters der
Armee. Erich Honecker sagte dazu: „Entsprechend der sozialökonomischen
Grundlage unserer Staatsmacht konnten die zu schaffenden Streitkräfte nur
sozialistischen Charakter haben. Ihre soziale Basis war die Arbeiterklasse."[31]
Von dieser Tatsache profitieren die NVA-Offiziere in mehrfacher Hinsicht.
So ist von der Partei festgelegt worden, daß sie sich der sozialen Herkunft nach,
obwohl Berufsoffiziere, zur Arbeiterklasse zählen dürfen. Daraus entspringen
dann die Förderungsmöglichkeiten für die Kinder der Offiziere in Schule und
Beruf[32].

So wie dem NVA-Soldaten seine Umgebung erklärt wurde, wie er seine
Waffenbrüder kennenlernte, so ist gleichzeitig daran gearbeitet worden, den
Feind darzustellen und das Feindbild unter aktuellen Bedingungen ständig zu
präzisieren. Für den NVA-Soldaten hat der Angehörige der Bundeswehr als
sein konkreter Gegner zu gelten, den er bedingungslos zu bekämpfen hat. Die
Gesamtausbildung (politisch und militärisch) hat diesem Ziel zu dienen.

Aus der Militärdoktrin der Warschauer Paktstaaten ergab sich der Platz der
NVA in dieser Militärkoalition. Die Militärdoktrin enthält u.a. die Ansichten
der Partei über Wesen, Charakter und Methoden der Führung eines Krieges.
Sowohl von der politischen als auch von der militärisch-technischen Seite der
Militärdoktrin wird der Ausbildungsauftrag der NVA abgeleitet. Die militä-
rische Ausbildung der neuen Verbände begann sofort. Dabei wurden die Erfahrungen der Ausbildung der KVP-Zeit an der militärischen Großtechnik aus der
Sowjetunion genutzt. Ein großer Stamm von Militärkadern war den neuen
Anforderungen immer besser gewachsen. Schon die HVA unter Leitung von
Heinz Hoffmann vollzog seit 1948 eine militärische und nur untergeordnet eine
polizeiliche Ausbildung. Ab 1956 ging es tatsächlich nicht nur um einen größeren Umfang, es begann auch qualitativ etwas Neues zu entstehen. Die Beherrschung der Technik, die Meisterung der aufkommenden Revolution im Militärwesen war in erster Linie eine Frage der Militärkader. Die Anstrengungen zielten auf die Schaffung eines gut qualifizierten Stammes von Offizieren und
Unteroffizieren. Hoffmann entwickelte vor Offiziersschülern seine Vorstellungen vom ehrenvollen Beruf des DDR-Offiziers.

Das Ausbildungsjahr in der NVA reicht zeitmäßig vom November des einen
bis zum Oktober des nächsten Jahres. Darin sind die Takte der Auffüllung mit
neuen Rekruten (November und Mai) berücksichtigt. Die Generallinie für das
jeweilige Ausbildungsjahr wird vor einer großen Auswahl von Leitungskadern
der NVA durch den Minister für Nationale Verteidigung gegeben. Das vollzieht
sich in der Regel so, daß eine Würdigung der zurückliegenden Ausbildungsphase

---

[31] Honecker; Rad der Geschichte, S. 14; siehe dazu auch den Beitrag von Blanke,
Burckhard: Zum Verhältnis Militär – Partei – Gesellschaft in der DDR, in: Die Nationale
Volksarmee der DDR, S. 187 ff.

[32] Vgl. dazu auch Blanke, S. 112.

erfolgt und aufgrund dieser Analyse und der neuesten Erkenntnisse der Militärwissenschaft, aber auch der internationalen politischen Lage die inhaltlichen
sowie die organisatorischen Maßnahmen für das neue Ausbildungsjahr festgelegt werden. Am 20. November 1956 stellte Willi Stoph für die Gefechtsausbildung u.a. das Ziel, alle Arten von Gefechtshandlungen unter modernen
Bedingungen bei Tag und Nacht führen zu können[33].

Diese Ausbildungsorientierungen erfolgten für die einzelnen Jahre am 15.11.
1957, am 15.11.1958, am 13.11.1959 und am 11.11.1960. Aus der Potsdamer
„Militärzeittafel" ist ersichtlich, daß der Inhalt der Gefechtsausbildung seit
1960/1961 auf die Führung eines möglichen Kernwaffenkrieges orientiert ist.
Dort heißt es: „Die Stäbe und Truppen müssen zu jeder Zeit fähig sein, bei
einem überraschenden Kernwaffenüberfall an der Seite der Bruderarmeen sofort aktive Gefechtshandlungen zu führen und die Initiativen zu erringen. In
der Praxis der Erziehung und Ausbildung, der Kriegskunst und Truppenführung
sind alle Anforderungen zu berücksichtigen, die sich aus dem Charakter eines
modernen Krieges ergeben. Die Grundlagen herkömmlicher Angriffs- und
Verteidigungshandlungen zu beherrschen, wird als wesentliche Voraussetzung
dafür betrachtet, die Besonderheiten, die den plötzlichen Beginn eines modernen Krieges kennzeichnen, zu verstehen. Die Truppenübungen müssen überraschend beginnen, sich über einen längeren Zeitraum erstrecken und mit
solchen Belastungen für Mensch und Technik verbunden sein, die den Bedingungen neuzeitlicher Gefechte nahekommen."[34]

Aus meinen vielfältigen Verbindungen zu den Soldaten der NVA ist mir
bekannt, wie oft sie unter der schweren Last der geistigen und körperlichen
Anforderungen seitens der Militärhierarchie stöhnten. In der besagten Zeittafel findet sich eine Notiz, die auf die Anwendung der sowjetischen Militärpsychologie in der NVA verweist. Ein von G. D. Lukow erarbeitetes Lehrbuch
zur Militärpsychologie war Grundlage der politischen und militärischen Ausbildung in der NVA. In diesem Werk wird auf die Entwicklung und Formung
von Kampfrobotern orientiert. In der Hauptsache fordert die sozialistische
Militärführung einen unerschrockenen Kämpfer. Auf zwei Kategorien von
Soldaten eingehend, heißt es bei G. D. Lukow: „Die einen erleben im Gefecht
die Angst und müssen sie überwinden. Sie geraten nicht in eine höhere Kampferregung. Für die anderen ist charakteristisch, daß sie keine Angst haben und
von Kampferregung erfaßt werden. Diese Soldaten drängt es zum Kampf. Der
Kampf ist für sie nach den Worten B. M. Teplows höchste Befriedigung."[35]
Höchste Befriedigung im Kampf, geführt von der Partei, mit einem klaren
Feindbild ausgestattet – so soll der NVA-Soldat in der sozialistischen Militär-

---

33   Zeittafel, S. 76 f.
34   Ebd., S. 131 f.
35   Lukow, G. D.: Militärpsychologie. Berlin (Ost) 1961, S. 124 ff.

koalition mit der Sowjetarmee den Sieg über jeden möglichen Feind herbeiführen[36].

Die zur ersten strategischen Staffel gehörende NVA hat bei ihren militärischen Einsätzen manche Niederlage einstecken müssen. Am 17. Juni 1953 mußten die KVP-Einheiten durch sowjetische Panzerdivisionen gerettet werden[37]. Ich stand an diesem 17. Juni 1953 auf dem Schweriner Hauptbahnhof. Hans Mahle[38] hatte um den Schutz der „Schweriner Volkszeitung" gebeten. Die Transportwege sollten gesichert werden. Als der aus Richtung Magdeburg eingefahrene Schnellzug hielt, entstiegen ihm Offiziere der KVP, ohne Schulterstücke. Sie berichteten, im Zug zwischen Bitterfeld und Magdeburg seien sie von Arbeitern aufgefordert worden, die Schulterstücke zu entfernen. Die Übermacht der Arbeiter ließ ihnen keine andere Wahl. Auch mit der Freundschaft der DDR zu den Bruderstaaten ist es nicht weit her. Für den 29. November 1959 hält die Chronik folgendes fest: In Prag wird die Wanderausstellung der NVA „Zwei deutsche Staaten – zwei Armeen" eröffnet[39]. Neun Jahre später konnten sich die Prager vom wahren Gesicht der Armee des einen deutschen Staates – der Nationalen Volksarmee der DDR – überzeugen.

In den Jahren 1956 bis 1961 zu einer modernen Armee in der sozialistischen Militärkoalition entwickelt, wurde die NVA für die Aktion der SED am 13. August 1961 zum Einsatz gebracht. Die Grenzabriegelung zur Bundesrepublik Deutschland und der Mauerbau um West-Berlin wurden zum Symbol des Unrechts gegen die Menschen in Ost und West[40]. Neues Unheil wurde den Deutschen zugefügt. Unter dem Befehl der SED wurde die Armee für diese Aktion eingesetzt. Von ihrer Seite heißt es: „Wir haben den Imperialisten am 13. August 1961 die Grenzen ihrer Macht gezeigt."[41] Was ist zur militärischen

---

36   Vgl. Hoffmann, Heinz: Arbeiter- und Bauern-Armee erfüllt treu ihre Klassenpflicht, in: „Neues Deutschland" vom 28./29. Februar 1976, S. 3. Dort heißt es u.a.: „Sicher – die Soldaten der DDR haben es verstanden, unterstützt von ihren sowjetischen Genossen und Waffenbrüdern der Armeen des Warschauer Vertrages, den bewaffneten Arbeitern in den Kampfgruppen und den Staats- und Sicherheitsorganen der DDR, eine schlagkräftige und hochmoderne Armee zu schaffen, die für erfolgreiche und zügige Kampfhandlungen auch unter erschwerten Bedingungen ausgerüstet, ausgebildet und erzogen worden ist."

37   Geschichte der SED. Abriß. Berlin (Ost) 1978, S. 295. Es heißt dort, daß die Sowjetarmee „Seite an Seite mit Angehörigen der bewaffneten Organe der DDR" kämpfte. Die Sowjetarmee griff jedoch ein, als die DDR-Staatsmacht gegen das Volk verloren hatte.

38   Hans Mahle war der Chefredakteur des Organs der Bezirksleitung Schwerin der SED. Später delegierte ihn die SED nach West-Berlin, wo er als Chefredakteur der SEW-Tageszeitung tätig war.

39   Zeittafel, S. 133.

40   Siehe Hoffmann, S. 3, wo es zynisch heißt: „Es wurde ein guter und stabiler Wall gebaut, hinter dem es sich glücklich und sicher leben läßt, mit festen, verschlossenen Toren gegen alle Eindringlinge."

41   Militärpolitik für Sozialismus und Frieden, S. 66 ff. Siehe auch Honecker, Erich: Aus meinem Leben. Berlin (Ost) 1981, S. 197 ff.

Seite dieser Aktion zu sagen? Ich spreche ganz bewußt nicht – wie Erich
Honecker in seiner Autobiographie – von einer Operation[42]. Honecker lobte,
wie unter seiner Leitung seinerzeit „alles" sehr gut geheim vorbereitet wurde.
Er meint, mit dieser Aktion den Gegner überlistet zu haben[43]. Den einzigen
Gegner, den die Streitkräfte des Warschauer Paktes damals hatten, waren einige
tausend verängstigte Bürger der DDR, die sich auf der Flucht befanden. Flüchtlinge mit ihrem Gepäck – das waren die Gegner. In Wirklichkeit feiern SED-
Politiker und militärische Spitzengliederung der NVA den Erfolg einer gelun-
genen Aufmarsch- und Abriegelungsmaßnahme. Vier Linien oder Staffeln
wurden an diesem 13. August 1961 gebildet:

– Unmittelbar an der Grenze standen als *erste* Sicherheitsstaffel Einheiten
der „Kampfgruppen der Arbeiterklasse" aus Volkseigenen Betrieben sowie
aus Parteischulen, Staatsverwaltungen und anderen Einrichtungen. Dazu
zählten ferner als Elite die Grenz- und die Bereitschaftspolizei.
– Mot.-Schützen, Panzertruppen, Aufklärungs- und Pioniereinheiten der Landstreitkräfte der NVA und Truppen des Ministeriums für Staatssicherheit
sicherten die an der Staatsgrenze eingesetzten Kräfte in einer *zweiten* Staffel.
– Truppen der GSSD bildeten die *dritte* Staffel.
– Die *vierte* Staffel (Kräfte der NVA, des MfS, des MdI und der GSSD) befand sich im Einsatz an der Grenze zur Bundesrepublik Deutschland und an
der Küste der DDR[44].

Um es kurz zu sagen: Für die DDR war an diesem Tage der militärische Aus-
nahmezustand ausgerufen, d.h. die gesamte bewaffnete Macht, der ganze Staats-
apparat, die politisch ansprechbaren Kräfte waren mobilisiert worden. Man
hatte sich im Osten zu dieser Aktion entschlossen, weil die politische Führung
damit rechnete, daß der Westen infolge des Nuklearrisikos keine militärischen
Gegenaktionen führen würde. Damals erfolgte die Proklamation des militärischen Ausnahmezustandes in den Stabsdienststellen des Warschauer Paktes bis
herunter zu den DDR-Stabsoffizieren, die sich im Berliner VP-Präsidium ver-
sammelt hatten. Eine Polizeiaktion mit allen Verbänden der NVA und der
GSSD – besser konnte Honecker das Wesen des 13. August 1961 gar nicht
offenbaren[45]. Die NVA hatte sich damit an einer entwürdigenden Aktion beteiligt. Die Grenztruppen der NVA setzten diese „Tradition" fort. Ihre Grenz-
posten schossen auf jeden DDR-Bürger, der diesen Staat aus freiem Entschluß
verlassen wollte. Viele Tote sind zu beklagen. Das Blutkonto der Nationalen
Volksarmee vergrößerte sich ständig. Erich Honeckers Wort von der Natio-

---

42 Honecker; Leben, S. 205. Auch Honecker kann nicht verschweigen, daß dieses
keine „rein militärische Operation" war.
43 Ebd., S. 204 ff.
44 Militärpolitik für Sozialismus und Frieden, S. 67.
45 Honecker; Leben, S. 204.

nalen Volksarmee der DDR, die „als Armee des Antifaschismus und des Anti-
militarismus, als Armee des Friedens" entstanden sei, wurde so zu einer bewußten Irreführung[46]. Die NVA wurde ihrem Namen nicht gerecht. Sie ist
keine nationale, sondern eine antinationale Armee. Zu oft bewies sie, daß sie
eine Armee gegen das Volk ist.

Zusammenfassung

1. Der Aufbau bewaffneter Streitkräfte in der DDR im Jahre 1956 war kein
   Neuanfang. Er setzte die Politik der KPD mit Hilfe sowjetischer Militär-
   macht fort und weitete sie aus. Dabei stützte sich die SED auf die konkrete
   Anwendung leninistischer Gewaltpolitik. Die militärischen Erfahrungen der
   Sowjetunion und deren Anteil an der Schaffung der NVA sind überhaupt
   keine „internationalistischen" Geschenke. Sie dokumentierten vielmehr das
   Machtstreben der UdSSR, auch mit Hilfe der NVA den Nachkriegsstatus in
   ihrem Interesse zu befestigen. Die entscheidenden Kader-, Bewaffnungs- und
   Ausrüstungsfragen beim Aufbau der NVA lagen in der Hand der Sowjetunion. Die NVA wird von der Partei geführt; die Waffenbrüderschaft mit
   der Sowjetunion ist der Kern des proletarischen Internationalismus auf militärischem Gebiet. Die NVA entstand von Anbeginn an als Koalitionsarmee.

2. Gestützt auf die KVP, auf einen neuen Schub von Waffen und anderen Hilfs-
   mitteln aus der UdSSR sowie auf neue Opfer des Volkes in der DDR begann
   gemäß Gesetz vom 18. Januar 1956 der Aufbau der NVA. Die Verbände
   — sechs Divisionen Landstreitkräfte und zwei Divisionen Luftstreitkräfte /
   Luftverteidigung sowie die Seestreitkräfte, die gegenwärtig über 177 Schiffs-
   einheiten verfügen — waren schon bis zum Jahresende 1956 aufgestellt.
   Aufstellung und Ausbildung liefen parallel. Die neuen Verbände, als moderne Koalitionsstreitkräfte geschaffen, waren sehr bald befähigt, Gefechtshandlungen im Rahmen des Warschauer Paktes zu führen. Die Schützen-
   divisionen der NVA sind voll motorisiert. Ihre Hauptstoßkraft besteht aus
   modernen, vorwiegend mittleren Panzern. Diese gehören hinsichtlich der
   Fahreigenschaften, des Fahrbereiches, der Feuerkraft, der Beweglichkeit,
   der Formgebung und der Panzerung zu den besten der Welt. Auch die Luft-
   und die Seestreitkräfte sind mit moderner Kampftechnik ausgerüstet.

3. Die Militärkader der DDR werden zu treuen Verfechtern der führenden
   Rolle der Partei erzogen. An Militärhochschulen erhalten die Offiziere der
   NVA eine militärakademische Ausbildung. Den Grundstock der Führungs-
   elite des Ministeriums für Nationale Verteidigung bildeten Altkommunisten

---

[46] Ebd., S. 198.

wie Heinz Hoffmann, Ottomar Pech, Rudolf Dölling, Friedrich Dickel, Waldemar Verner u.a. sowie eine große Zahl von Kadern der Frontorganisation des Nationalkomitees „Freies Deutschland", darunter Vincenz Müller, Heinz Zorn und Bernhard Bechler. Dadurch war eine Hörigkeit der NVA gegenüber der Partei und der Sowjetunion gegeben. Diese Generäle schufen die NVA nach dem Grundmodell der Sowjetarmee. Die Einheit von politischer und militärischer Führung und damit die Hervorhebung des Befehls des Einzelleiters als Willen der Partei wurde durch die SED schon in den Anfangsmonaten des Bestehens der NVA geklärt.

4. Politische und militärische Ausbildung in der NVA erfolgten auf der Grundlage der von Moskau entwickelten Militärdoktrin. Die Ausbildung war straff organisiert. Zu Beginn des Ausbildungsjahres ergingen an die leitenden Offiziere die Direktiven durch den Verteidigungsminister. Auf alle Arten des Krieges vorbereitet zu sein und den Gegner auf seinem Territorium zu vernichten, war die Forderung der Partei an die Streitkräfte der DDR. Dazu wurde ein von der SED bestimmtes Feindbild den Soldaten der NVA indoktriniert. Den Freund zu lieben und den Feind zu hassen, ist die Losung der SED für die Soldaten. Sie orientiert ständig auf den konkreten Feind: den Angehörigen der Bundeswehr. Zur Durchsetzung der führenden Rolle der Partei in der NVA, zur Anleitung der Partei- und FDJ-Organisationen sind in der NVA die Politorgane im Auftrag des ZK der SED tätig. Die Politische Hauptverwaltung im Ministerium für Nationale Verteidigung übt die Funktion einer Bezirksparteileitung aus. Straff organisiert findet in der Dienstzeit der politische Unterricht statt. Die politische Einflußnahme wird durch vielfältige Formen und Methoden der politisch-kulturellen Arbeit in der „Freizeit" ergänzt.

5. Alles, was in der NVA und für die NVA aufgewendet wird, dient dem Hauptziel: der Erhöhung der Gefechtsbereitschaft, die der realen Kriegssituation möglichst nahekommen soll. Ständig wird versucht, den Kampfwert der NVA durch Senkung der Alarmierungszeiten, durch Einnahme einer höheren Stufe der Gefechtsbereitschaft, durch Steigerung des Ausnutzungsgrades der technischen Mittel u.a.m. zu steigern. Es gibt keine Grenze für das Ringen um höchste Gefechtsbereitschaft. Diese immer höheren Ziele werden auf der Grundlage der sowjetischen Militärwissenschaft und gemeinsamer Manöver mit der GSSD sowie in den Großmanövern des Warschauer Paktes angegangen. Mittels Befehl wird jede gewonnene Erkenntnis aus der Militärtheorie durchgesetzt. Dabei erklären die Militärführer, daß in der NVA der Befehl als Parteiwille gegeben wird, d.h. als Klassenauftrag gilt. Die Erfüllung des Befehls und der harten Forderungen der Dienstanweisungen wird für den Soldaten zu einer Ehrensache erhoben. Durch Traditionspflege auf patriotische Vorbilder verweisend, soll eine hohe Verteidigungsbereitschaft erreicht werden. Durch den Schießbefehl und die vielen, durch die Grenztrup-

pen der NVA getöteten Menschen hat die Nationale Volksarmee der DDR ihr „Ehrenkleid" mit Blut beschmutzt. Die Art und Weise, wie sie am 13. August 1961 die Grenzabriegelung bewerkstelligte, demonstrierte anschaulich ihren antinationalen und volksfeindlichen Charakter.

Hans-Jürgen Rautenberg

DIE BUNDESWEHR VON DER GRÜNDUNG
BIS ZU IHRER KONSOLIDIERUNG (1955/56–1962)
THESEN UND ANMERKUNGEN

I. Vorbemerkung

Die Veranstalter der heutigen Tagung haben eine reizvolle, im ganzen aber nur schwer zu bewältigende Aufgabe gestellt. Sie beginnt bereits bei den beiden Eckdaten. Mit welcher historischen Berechtigung läßt sich mit den Jahren 1955 und 1962 die Aufbauphase der Bundeswehr zeitlich und sachlich fassen? Der 2. Januar 1956, der Tag, an dem in einem Andernacher Barackenlager die ersten Soldaten des neuen deutschen Heeres – in Streitkräften noch ohne Namen – ihren Dienst antraten, ist auf den ersten Blick ein Ausgangspunkt von zwingender Logik. Aber schon hier sind Zweifel angebracht. Ist der Beginn der Bundeswehr, die ihren Namen erst mit dem Gesetz über die Rechtsstellung der Soldaten vom 1. April 1956 offiziell erhielt, tatsächlich mit den ersten 1000 Freiwilligen in Andernach, Nörvenich und Wilhelmshaven anzusetzen? Muß nicht vielmehr die Planungsphase von 1950 bis 1955 als der historische Sammelpunkt markiert werden, von dem aus die neuen Deutschen Streitkräfte ihren „langen Marsch" durch die deutsche Innenpolitik, durch die Außen-, Sicherheits- und Bündnispolitik antraten? Dann wäre der 2. Januar 1956 nur die zufällige „Ablauflinie". Er hätte außer einer merktechnischen Funktion für Jubiläen, Erinnerungsfeiern und die Festsetzung von Pensionsansprüchen keine besondere Bedeutung in den Annalen der Bundesrepublik Deutschland. Es gibt Daten in der Geschichte, von denen noch heute magische Kraft ausgeht, weil sie den Endpunkt einer in sich logischen, ja mechanisch-deterministischen Entwicklung markieren und zugleich Abschluß einer alten und Beginn einer neuen Epoche sind. Der 4. August 1914, als die Julikrise in den großen europäischen Krieg mündete, im alten Europa die Lichter verlöschten und das 20. Jahrhundert endgültig angesagt war, ist ein solches Datum. Nichts davon hat der 2. Januar 1956. Selbst unter Soldaten ist dieser Tag nicht mit dem Mythos des Neubeginns verknüpft.

Auch der 12. November 1955 – Scharnhorsts Geburtstag – war ein zu durchsichtig programmatisch gewählter Anfangspunkt für die Streitkräfte, als daß davon identitätsstiftender Glanz ausgegangen wäre. Man wird zum Anfang des dritten deutschen Streitkräfteaufbaus in diesem Jahrhundert sagen können: Die Bundeswehr wuchs mit ihren grauen unansehnlichen Uniformen geschäftsmäßig in einen ebenso grauen Verwaltungs- und Wirtschaftsstaat hinein: politisch heftig umkämpft, gefühlsmäßig abgelehnt, bestenfalls indifferent zur Kenntnis genommen. Die Lufthansa und die Dresdner Bank jedenfalls hatten einen glanzvolleren Start. Sie segelten im Aufwind der beginnenden wirtschaftlichen Hochkonjunktur und reihten sich schnell ein in die stattliche Kette restaurierter Institutionen. Deshalb soll die Frage vorerst offen bleiben, warum die Streitkräfte nicht ein Jahr früher oder 18 Monate später ihren „physical start" gehabt haben, wie es fortan in der von Anglizismen durchsetzten militärischen und sicherheitspolitischen Fachsprache hieß.

Auch über das andere Eckdatum – 1962 – lohnt es sich zu reflektieren. Ende Dezember 1962 waren 11 von 12 Divisionen des Heeres – wie es das NATO-Planungsdokument MC 70 vorsah – dem Bündnis unterstellt. Etwas mehr als die Hälfte aller Luftwaffengeschwader war einsatzbereit, ähnliches kann für die Marine gesagt werden. Das Territorialheer steckte noch in den Anfängen. 1962 war in der Tat ein wichtiges Jahr in der Geschichte der Bundeswehr. Mit ihrem Einsatz bei der Hamburger Flutkatastrophe – einem Gottesgeschenk für die innere Aussöhnung von Militär und Bevölkerung, wie man hinter vorgehaltener Hand in den Kasinos munkelte – hatte die Bundeswehr eine psychologische Schlacht gewonnen. Als Reaktion auf die Berlin-Krise und den Bau der Berliner Mauer war im Februar die Wehrpflicht auf achtzehn Monate verlängert worden und damit der alten militärischen Forderung aus der Mitte der 50er Jahre Rechnung getragen. Zu den Widersprüchen dieses Jahres zählte, daß Kai-Uwe von Hassel, der neuernannte Chef des Verteidigungsressorts, den Aufbau der Bundeswehr im wesentlichen als abgeschlossen erklärte, in der NATO-Stabsrahmenübung „Fallex 62" aber erhebliche Zweifel an der Einsatzbereitschaft der Streitkräfte aufgekommen waren. „Bedingt einsatzbereit" lautete das selbstkritische Urteil der Militärs, über dessen Veröffentlichung und öffentlicher Diskussion Verteidigungsminister Strauß in der „Spiegel"-Affäre gestürzt war.

Am Anfang und am Ende der siebenjährigen Aufbauphase, so wurde sie jedenfalls offiziell eingegrenzt, standen Krisen: die Krise des Starts und die Krise einer offenbar zu früh für abgeschlossen erklärten Aufbauphase. Beide Jahreszahlen – 1956 und 1962 – stehen offenbar nicht für Anfang und Abschluß militärisch überzeugender Planungen, sondern in beiden Fällen haben außen- und innenpolitische Gründe den Ausschlag gegeben, daß diese Daten erkennbare Einschnitte geworden sind: 1956 mußte der NATO nachgewiesen werden, daß die Bundesrepublik Deutschland in der Lage war, ihre Zusagen zu halten, ein verläßlicher und bündnisfähiger Partner zu sein; 1962 wurde der deutschen Bevölkerung der militärisch nicht zutreffende Eindruck vermittelt, man habe die vergangenen sieben Jahre sinnvoll genutzt und ein schlagfähiges Instrument der Landesverteidigung geschaffen.

Bei unterschiedlichen politischen Rahmenbedingungen und unter jeweils völlig anderen historischen Konstellationen standen alle drei Aufbauleistungen in diesem Jahrhundert unter politisch bedingtem Zeitdruck. Die Bundeswehr hatte das Glück, niemals die Nagelprobe für ihre Aufbauleistung machen zu müssen.

II. Die Quellen

Der „Weg zu den Waffen" ist vergleichsweise gut erforscht, über die Zeit der „Aushändigung der Waffen" ist nicht viel mehr als ihr Datum bekannt. Der hier zu behandelnde Zeitraum und der Gegenstand meiner Betrachtungen – die Aufbauphase der Bundeswehr – sind historiographisch gesehen „terra incognita". Die einzige zusammenfassende Darstellung des Aufbaus der Bundeswehr, der auch der vorgegebene Zeitrahmen entnommen zu sein scheint, hat das Militärgeschichtliche Forschungsamt (MGFA) 1975 mit dem Buch „Verteidigung im Bündnis"[1] vorgelegt. Was die organisatorische Seite des Aufbaus betrifft, ist das auch heute noch der Forschungsstand. Bei dieser gut einhundertseitigen Darstellung fällt aber auf, daß Probleme der Wehrerfassung, der Inneren Führung und der „Bundeswehr in Staat und Gesellschaft" den historiographischen Schwerpunkt bilden. Die jüngst vorgelegte größere Dokumentation von Klaus v. Schubert[2] enthält in ihren beiden Bänden etwa drei Dutzend Dokumente zu diesem Zeitraum, überwiegend öffentliche Reden und Kommuniqués, die eher deutlich machen, was damals die Öffentlichkeit nicht bewegte. Bedeutung und Einordnung dieser mehr zufälligen und vom Tagesgeschehen bestimmten Überlieferung in den Ablauf der Ereignisse und Probleme müssen vorerst noch offen bleiben.

Über die Motive der politischen Hauptverantwortlichen geben bruchstückhaft die Erinnerungen von Konrad Adenauer[3], Herbert Blankenhorn[4] und Wilhelm Grewe[5] Auskunft: eher beiläufig, als Exkurse eingeschoben, Pflichtübungen des Chronisten – man spürt: militärisch Lied, garstig Lied –, zuweilen auch widersprüchlich und teilweise bekannte Tatsachen verschleiernd. Unter der noch spärlicher vorliegenden Erinnerungsliteratur der damaligen politischen Opposition stechen in literarischer Hinsicht die Erinnerungen von Carlo Schmid hervor, bei dem sich auch ein längeres Kapitel über die Atom-Debatte findet.

---

[1] Verteidigung im Bündnis. Planung, Aufbau und Bewährung der Bundeswehr 1950-1972, hrsg. vom Militärgeschichtlichen Forschungsamt. München 1975.

[2] Schubert, Klaus v. (Hrsg.): Sicherheitspolitik der Bundesrepublik Deutschland. Dokumentation 1945-1977, Teil 1/2. Köln 1978.

[3] Adenauer, Konrad: Erinnerungen, Bd. 1-4. Stuttgart 1965 ff.

[4] Blankenhorn, Herbert: Verständnis und Verständigung. Blätter eines politischen Tagebuchs 1949 bis 1979. Frankfurt a.M./Berlin/Wien 1980.

[5] Grewe, Wilhelm: Rückblenden 1976-1961. Frankfurt a.M./Berlin/Wien 1979.

Erler, Wehner und Ollenhauer, um nur die bekanntesten Namen zu nennen, haben keine Erinnerungen hinterlassen, ihre Nachlässe sind nur teilweise für die Öffentlichkeit aufbereitet worden[6].

Auch die Mehrzahl der Soldaten in den damals entscheidenden Führungspositionen hat bisher geschwiegen oder ihre Erinnerungen nicht schriftlich fixiert. Manche, die sich der Mühsal geordneter Erinnerung unterzogen haben, haben die Bedeutung ihrer Rolle überraschend hoch angesetzt und den Historikern Tatsachenbehauptungen hinterlassen, über die ein Streit lohnenswert wäre[7]. Im ganzen aber ist die Zeit der Aufstellung der Bundeswehr frei von jener anekdotenreichen Geschwätzigkeit und zwanghaften Selbstrechtfertigung, die zumeist nach verlorenen Kriegen zu beobachten ist.

Es ist wiederum dem MGFA zu danken, daß im Zuge der Erforschung der Vorgeschichte des deutschen Wehrbeitrages die wichtigsten Politiker und Militärs befragt worden sind. Die Dokumentation dieser Befragungen steht z.Z. aber nur den Forschern des MGFA zur Verfügung und konzentrierte sich naturgemäß auf den Zeitraum, dessen Erforschung amtlicher Auftrag war: die Zeit von 1945 bis 1956. Der erste Band dieser „Anfänge westdeutscher Sicherheitspolitik" liegt vor und belegt optisch, wie groß die Lücke ist, die für die Zeit nach 1956 noch zu schließen ist[8].

In der ersten Gesamtdarstellung der Geschichte der Bundesrepublik gibt es aus der Feder von H. P. Schwarz[9] einen bemerkenswerten Abschnitt über die Aufbauphase der neuen Streitkräfte, die als „Aufbaukrise" verstanden wird. Zwar existieren Monographien für die Frühzeit der Bundeswehr, aber die Titel deuten bereits an, was die Chronisten, Historiker und Politikwissenschaftler für die vorrangigen Fragen dieser Zeit hielten: „Die Bundeswehr in der Demokratie. Zeit der Inneren Führung" (von Ilsemann)[10], „Die Integration der Bundeswehr in die Gesellschaft" (Simon)[11], „Das Bild des Soldaten"

---

6   Vgl. Schmid, Carlo: Erinnerungen. Berlin/München/Wien 1979, vor allem S. 586 ff.; neuerdings Seebacher-Brandt, Brigitte: Erich Ollenhauer – Biedermann und Patriot. Eine Biographie. Berlin 1984.

7   Speidel, Hans: Aus unserer Zeit. Erinnerungen. Berlin/Frankfurt a.M./Wien 1977 (wenig ergiebig das Kapitel „Die Aufstellung der Bundeswehr" S. 337-358). Nicht unumstritten: Schmückle, Gerd: Ohne Pauken und Trompeten. Erinnerungen an Krieg und Frieden. Stuttgart 1982; vgl. dazu die Rezension von Johannes Fischer, in: Militärgeschichtliche Mitteilungen, H. 35, 1984, S. 246 ff.

8   Anfänge westdeutscher Sicherheitspolitik 1945-1956, Bd. 1: Von der Kapitulation bis zum Pleven-Plan. Hrsg. vom Militärgeschichtlichen Forschungsamt. München/Wien 1982.

9   Schwarz, Hans-Peter: Die Ära Adenauer. Gründerjahre der Republik 1949-1957. Stuttgart/Wiesbaden 1981, S. 299-302.

10   Ilsemann, Carl Gero v.: Die Bundeswehr in der Demokratie. Zeit der Inneren Führung. Hamburg 1971.

11   Simon, Ulrich: Die Integration der Bundeswehr in die Gesellschaft. Das Ringen um die Innere Führung. Heidelberg/Hamburg 1980. Älter und teilweise überholt: Genschel, Dietrich: Wehrreform und Reaktion. Die Vorbereitung der Inneren Führung 1951-1956. Hamburg 1972.

(Karst)[12], dazu eine Flut von Aufsatzsammlungen und militärsoziologischen Anthologien mit vergleichbaren Titeln und Forschungsgegenständen[13]. Die große offizielle sechsbändige Aufsatzsammlung „Schicksalsfragen der Gegenwart"[14], die an alle Offiziere kostenlos verteilt wurde, spiegelt sehr exakt wider, was die Verfasser und die Öffentlichkeit am Ende der 50er Jahre und zu Beginn der 60er Jahre für die „Schicksalsfragen der Gegenwart" hielten: die historisch-politische Aussöhnung von Bürgertum, Arbeiterschaft und Militär; die Einordnung der Streitkräfte in das Verfassungsgefüge und die Gesellschaft; das Innere Gefüge und die Innere Führung der Bundeswehr; die politische Kontrolle über das Militär; kurzum: die verfassungsrechtlichen, politisch-psychologischen und die ideologischen Aspekte der Aufstellung deutscher Streitkräfte.

III. Drei Thesen

These bedeutet im folgenden, daß es sich um Behauptungen handelt, für die der historische Nachweis noch fehlt, die gleichwohl Orientierungspunkte für die weitere Forschung sein könnten.

Zum ersten: Die Aufstellung der Bundeswehr war ein Akt historischer Abrechnung unter negativen Vorzeichen – der sichtbare Ausdruck einer politisch-historischen Vermeidungsstrategie. Die Bundeswehr ist mit politischem Blick zurück aufgestellt worden: außenpolitisch zur Abrundung eines Konzepts, das durch Westbindung und Verzicht auf eine west-östliche Schaukelpolitik den deutschen Rumpfstaat berechenbar machen sollte und damit einen Grundfehler deutscher nationaler Politik ein für allemal ausräumen wollte.

Innenpolitisch ist die Bundeswehr in einem Klima tiefen Mißtrauens aufgestellt worden, dessen „Wetter" übrigens alle großen Parteien gemacht haben. Auch hier war die Konzeption für den inneren Aufbau der Streitkräfte und ihre zukünftige Stellung im Institutionen- und Sozialgefüge der Bundesrepublik eine systematische Abrechnung mit vermeintlichen oder tatsächlichen Fehlentwicklungen in der Vergangenheit. Außen- wie innenpolitisch hat die Aufstellung neuer Streitkräfte im Zeichen der Verläßlichkeitsfrage gestanden; die Effizienzfrage hat eine untergeordnete Rolle gespielt oder wurde mit einem Tabu belegt.

---

12   Karst, Heinz: Das Bild des Soldaten. Versuch eines Umrisses. Boppard/Rh. 1964.

13   Vor allem: Studien zur politischen und gesellschaftlichen Situation der Bundeswehr. Forschungen und Berichte der evangelischen Studiengemeinschaft, 3 Bde. Witten/ Berlin 1965 ff.

14   Schicksalsfragen der Gegenwart. Handbuch politisch-historischer Bildung, hrsg. vom Bundesministerium der Verteidigung, 6 Bde. Tübingen 1957 ff.

Die Frage der Bündnisstrategie, die zur „Morgengabe" der Einheirat in die westliche Staatengemeinschaft gehörte, die Fragen der militärischen Effizienz, der Bewaffnung und zweckmäßigen Ausrüstung der Streitkräfte, die Logik ihrer Struktur und Aufgaben, bezogen auf die geltende Strategie, und schließlich die Konsequenzen für die gesamtpolitische Rolle der Bundesrepublik Deutschland in Europa und in der Welt sind — wenn überhaupt — emotional, aber nicht sachlich ausdiskutiert worden. Schon unter den Politikern befand sich damals nur eine Handvoll, die interessiert und sachkompetent war, um die in diesen Fragen steckende Brisanz zu erkennen.

Am Anfang der Bundeswehr stand ein bemerkenswerter Akt der Verdrängung, der die Herausbildung einer urteilsfähigen, sicherheitspolitischen Expertengemeinschaft mit entsprechendem Einfluß auf die öffentlichen Medien — wie sie in den angelsächsischen Ländern und auch in Frankreich seit Jahrzehnten existierte — lange verzögert hat. Es sei beispielhaft daran erinnert, daß Konrad Adenauer im April 1957 forderte, die Bundeswehr müsse mit taktischen Atomwaffen ausgerüstet werden. Das rief einen Sturm der Entrüstung hervor. Am 12. April traten 18 Atomwissenschaftler mit dem Göttinger Manifest an die Öffentlichkeit. Am 9./10. Mai 1957 fand die erste Nukleardebatte im deutschen Bundestag statt; zugleich die letzte auf lange Zeit. Aber am 15. September 1957 errang die CDU/CSU mit ihrem Kanzler an der Spitze die einzige absolute Mehrheit bei Bundestagswahlen. Selbst wenn man die im März 1958 von SPD und DGB gestartete, aber schon ein Jahr später sich verlaufende „Anti-Atomtodkampagne" hinzunimmt, muß man zu dem Ergebnis kommen, daß zwar nukleare Angst, nicht aber nukleare Sachkenntnis in der Bundesrepublik erzeugt worden sind. Für die nächsten zwei Jahrzehnte verschwand dieses Thema von der öffentlichen Tagesordnung. Objektiv gesehen, und subjektiv heute auch allgemein perzipiert, hätte die nukleare Frage die wirkliche „Schicksalsfrage der Gegenwart" sein müssen.

Zum zweiten: Die politische Öffentlichkeit interessierte sich in den Aufbaujahren für die inneren, hausgemachten Probleme der neuen Streitkräfte mehr als für die sich aus der Bündniszugehörigkeit zwangsläufig ergebenden Fragen und Probleme. Die Bundeswehr ist im Windschatten der im Umbruch befindlichen Nuklearfrage aufgestellt worden. Das hat allerdings zur Folge gehabt, daß die nie ganz zum Verstummen gebrachte Legitimitätsfrage der Streitkräfte im wesentlichen unter dem Aspekt ihrer Demokratieverträglichkeit diskutiert wurde. Der Aufbau der Streitkräfte vollzog sich gewissermaßen als isolierte Abstraktion, als rein nationale Angelegenheit. Fragen der Personalauswahl durch den Personalgutachterausschuß, Verstöße gegen die Grundsätze der Inneren Führung, das Iller-Unglück und die mit deutlichem Blick auf die innenpolitische Zumutbarkeit festgesetzte Wehrpflicht von zwölf Monaten beherrschten die politische Agenda und die Schlagzeilen der Presse dieser Jahre. Parlamentarierdelegationen reisten ins westliche Ausland und nach Skandinavien, nicht um die strategischen Folgelasten des Bündniseintritts zu erkunden oder um intellektuellen Anschluß an Bündnisstrategie und Strategiediskussion zu finden, sondern um nach politischen Kontrollmechanismen Ausschau zu halten.

Solange die politische und verfassungsrechtliche Kontrolle über die Streitkräfte gesichert war, konnten ihr Defizit an militärischer Effizienz und die Paradoxa und Risiken der Strategie, in die sie fortan eingebunden waren, hingenommen werden.

Zum dritten: Der tatsächliche Aufbau der Streitkräfte begann mit einer Krise. Die Einberufung der ersten Freiwilligen am 2. Januar 1956 war eine militärische Notlösung. Die bisherige Aufbauplanung, für die fünf Jahre Zeit zur Verfügung gestanden hatte, mußte über den Haufen geworfen werden. Der Verteidigungsminister wurde ausgewechselt. Die Bestimmungsfaktoren dieser Startkrise, die politischen, militärischen und psychologischen, die eng mit den beiden ersten Thesen zusammenhängen dürften, liegen noch weitgehend im Dunkel der Archive. Eher schon läßt sich etwas zu den personellen Folgelasten dieses krisenhaften Beginns sagen, von dem einige militärische Fachleute behaupten, er sei zu früh gekommen, und andere, er habe zu spät begonnen.

Zusammenfassend läßt sich sagen: Der Aufbau neuer deutscher Streitkräfte stand im Zeichen einer politisch-historischen Abrechnung, einer Aktion innenpolitischer Selbstreinigung und einer planungstechnischen Krise.

IV. Betrachtungen zu den einzelnen Thesen

Zur ersten These: Mit einigem Recht kann man den Beginn der Entspannung in den west-östlichen Beziehungen auf das Jahr 1956 ansetzen. Der Aufbau der Bundeswehr fällt in die entscheidenden Umbruchjahre der sowjetischen Nachkriegsentwicklung von 1956 bis 1959. Trotz polnischem Herbst 1956, Ungarn-Aufstand, Berlin-Ultimatum, Mauerbau und Kuba-Krise: In diesen Jahren wurden die Weichen gestellt für den Übergang der „Ära der Konfrontation" zur „Ära der Détente", um sich der Begrifflichkeit von Präsident Nixon zehn Jahre später zu bedienen. Das werden die Miterlebenden jener Jahre nicht immer so empfunden haben, obwohl es auch dafür zahlreiche Belege gibt. Die beginnende Entspannung vollzog sich zuerst in Bereichen, auf die die deutsche Politik keinen Einfluß hatte. Jedenfalls geriet Bewegung in die starren Fronten des Kalten Krieges, von dem Fritz Erler in der Bundestagsdebatte vom 6./7. Juli 1956 bereits in der Vergangenheitsform sprach. Der Auslösungsfaktor für diese Bewegung in Richtung auf Entspannung war paradoxerweise die waffentechnologische Revolution, der Sprung ins Raketenzeitalter, und eng damit verbunden eine Krise der westlichen Strategie und des westlichen Bündnisses.

Im Februar 1956 hielt Chruščev auf dem XX. Parteitag der KPdSU seine aufsehenerregende Abrechnungsrede mit dem Stalinismus. Im Mai dieses Jahres kündigte die Sowjetunion an, sie werde im Zuge der atomaren Ausrüstung ihrer Streitkräfte – der „Revolution im Militärwesen", wie es hieß – 1,2 Millionen Mann ihres Landheeres demobilisieren. Nur zwei Monate später sickerten Informationen durch, daß die USA Überlegungen anstellten, die exakt in die gleiche Richtung liefen. Der nach dem Vorsitzenden der Joint Chiefs of Staff, Admiral Radford, benannte Plan sah eine Verringerung der konventionellen Bewaffnung der USA und des Heeres um 800 000 Mann zugunsten der nuklearen Bewaffnung der amerikanischen Streitkräfte vor. Zwischen beiden Initiativen bestand offensichtlich ursächlicher Zusammenhang.

Nur im amerikanischen Fall ist das Hauptmotiv bekannt geworden, nämlich die enormen Kosten, die man für eine starke konventionelle und eine entsprechende nukleare Bewaffnung nicht aufbringen zu können glaubte. Außerdem war in den USA Wahljahr. Bei der sowjetischen Ankündigung dürften ähnliche Überlegungen im Spiel gewesen sein, zumal die Verbrauchsgüterindustrie auf Kosten der Schwerindustrie angekurbelt und der Lebensstandard der sowjetischen Bevölkerung gehoben werden sollte.

Obwohl Adenauer in seinen Erinnerungen in bezug auf den Kalten Krieg Erlers Imperfekt mit Entrüstung zurückwies, konstatierte er dennoch im gleichen Zusammenhang mit spürbarem Unbehagen und schwer verhohlener Kritik, daß im Frühjahr 1956 ein „Wettlauf mit Einladungen und Besuchen in Richtung Osten eingesetzt" hatte [15].

Die amerikanisch-sowjetischen Parallelinitiativen, denen sich auch die Briten zugesellten, nachdem ihre Wasserstoffbombe unmittelbar vor der Einsatzbereitschaft stand, schufen eine neue strategische Lage und damit den Zwang, die geltende NATO-Strategie zu überprüfen oder neu zu formulieren. Am 18. Juli 1956 sandte der britische Premierminister Eden an Präsident Eisenhower folgendes Telegramm: „... Die NATO war ursprünglich dazu gedacht, der Gefahr einer sowjetischen Invasion zu Lande zu begegnen, und sie erhielt ihre Organisationsform vor Aufkommen der Wasserstoffbombe. Zur Zeit ist die Lage in der Wandlung begriffen. Heute sind es die Wasserstoffbombe und Atomwaffen, auf die wir uns verlassen, wobei wir daran denken, daß sie nicht nur vor einer Aggression abschrecken, sondern auch eine Aggression abwehren, falls diese unternommen werden sollte. Ein „Schild" konventioneller Streitkräfte ist nach wie vor nötig; doch bildet er nicht länger mehr unseren militärischen Hauptschutz. Müssen diese Streitkräfte noch in der Lage sein, eine große Schlacht zu Lande zu kämpfen? Ihre primäre militärische Funktion scheint nunmehr darin zu bestehen, jegliche lokale Infiltration abzuwehren,

---

15   Adenauer, Erinnerungen, 3, S. 205.

Einschüchterung von außen zu verhüten und imstande zu sein, eine Aggression als solche zu identifizieren."[16]

Diese Funktionsbeurteilung der bestehenden britischen Streitkräfte traf auch auf die noch im Entstehen begriffenen deutschen zu und löste in Bonn hektische Betriebsamkeit sowie bei Adenauer die Sorge aus, sein ganzes außen- und sicherheitspolitisches Konzept könnte am Ende doch noch zusammenbrechen – weniger an innenpolitischen Widerständen, die er nicht müde wurde, den Alliierten darzustellen, sondern an einer außenpolitischen und strategischen Wende. „Müssen Streitkräfte noch in der Lage sein, eine große Landschlacht zu kämpfen?", hatte Eden, das Nein vorwegnehmend, rhetorisch gefragt. Diese strategische Vorstellung war aber die planerische und politische Vorgabe für den Aufbau westdeutscher Streitkräfte zwischen 1950 und 1956 gewesen.

Adenauer resümierte in seinen Erinnerungen die Konsequenzen des Radford-Planes und der britischen Reduzierungspläne mit nicht zu überbietender Deutlichkeit: „Hieraus ergab sich aber sofort die Frage, warum wir in der Bundesrepublik dann überhaupt noch deutsche Streitkräfte aufstellen sollten."[17] Und Fritz Erler hielt in der bereits zitierten Bundestagsdebatte am 7. Juli, in der allerdings die Einführung der allgemeinen Wehrpflicht beschlossen wurde, den Finger auf der Wunde: „Besonders deutlich wird die Überalterung unserer Vorstellungen an der Frage, die wir heute diskutieren. Die Pläne, eine Halbmillionen-Armee mit der Einführung der allgemeinen Wehrpflicht aufzustellen, datieren aus dem Jahre 1950. Damals sind ja auch die Pläne konzipiert worden, die davon ausgehen, daß die moderne Strategie – 1950 war sie noch gar nicht geboren – zwar dafür sorgen würden, daß die anderen Armeen mit den nun einmal leider entscheidenden Waffen ausgestattet werden, daß die Bundesrepublik demgegenüber aber etwas zurückstehen müsse. Wir würden also nicht einmal der letzte Soldat, sondern nur der letzte standhafte Zinnsoldat des Kalten Krieges werden. Die Argumente des Kalten Krieges gelten heute nicht mehr; der Kreuzzug findet nicht statt."[18]

Das Jahr 1956 muß für den Bundeskanzler und für die militärische Führung ein Alptraum gewesen sein. Adenauer hatte mit den Pariser Verträgen und der Erlangung der Souveränität im Mai 1955, bei der die Bewaffnung der Bundesrepublik Eintrittskarte und instrumentaler Hebel zugleich gewesen waren, den erfolgreichen Abschluß seines beharrlich betriebenen Konzepts der Westbindung erlebt. Jetzt mußte er erleben, wie einflußreiche Kreise in den USA Überlegungen für eine unbewaffnete Neutralität Gesamtdeutschlands anstellten[19].

---

16 Eden, Sir Anthony: Memoiren 1945-1957. Köln/Berlin 1960, S. 427.
17 Adenauer, Erinnerungen, 3, S. 200.
18 Adenauer, Erinnerungen, 3, S. 201.
19 Adenauer bezog sich auf Äußerungen des republikanischen Senators Ralph E. Flanders: Adenauer, Erinnerungen, 3, S. 203.

Die ungewöhnlich dichten diplomatischen Aktivitäten, die — flankiert von
Briefwechseln mit dem amerikanischen Außenminister, formellen Protesten
und Demarchen des deutschen Botschafters in Washington bis hin zu einem
Explorationsbesuch des Generalinspekteurs der Bundeswehr in die USA — jetzt
einsetzten, belegen, wie ernst die Lage angesehen wurde. Alle Anzeichen deuteten darauf hin, daß die USA ihre Pläne auch in die Tat umzusetzen gedach-
ten. Dementis des State Department, immerhin der Behörde seines Freundes
Dulles, „überzeugten" den Kanzler nicht. Auch der Besuch von Dulles' Bruder
Allen in Bonn vermochte Adenauer nicht zu beruhigen, denn auch General
Heusinger hatte die düstere Erkenntnis aus Washington mitgebracht, daß an
den alarmierenden Berichten „etwas Wahres sei"[20]. Allerdings hatte Adenauer
in seinem Kampf gegen ein konventionelles Disengagement und eine vollständige Nuklearisierung der westlichen Verteidigungsstrategie einen mächtigen
und einflußreichen Verbündeten: General Gruenther, den SACEUR. Es wird
eine reizvolle Aufgabe für die Forschung sein, das lautlose Gegenspiel der
„Nuklearlobby" und der „konventionellen Lobby" diesseits und jenseits des
Atlantiks einmal nachzuzeichnen. Denn es kann kein Zweifel daran bestehen,
daß es diese Gruppierungen in den Apparaten, politischen Entscheidungs-
zentren und Verteidigungsministerien gegeben hat, ohne sie heute bereits
personalisieren zu können.

Jedenfalls war sich Adenauer der keineswegs gesicherten Stellung der Bundesrepublik im westlichen Bündnis bewußt. Er mußte befürchten, daß mit
dem Rückzug der sichtbaren Macht der USA aus Europa die NATO nicht mehr
überlebensfähig war und damit das ganze kunstvolle Gebäude seiner bisherigen
Politik zusammenzubrechen drohte — über einer „Revolution der militärischen
Struktur, herbeigeführt durch die Entwicklung der atomaren Waffen", wie er
bitter in seinen Erinnerungen vermerkt[21]. Denn niemand in der Bundesrepublik, nicht einmal im Verteidigungsministerium, gab sich der Illusion hin, daß
es Streitkräfte außerhalb eines Bündnisses mit den westlichen Nationen geben
würde oder geben sollte. Durch Streitkräfte war die Bundesrepublik mit dem
Westen verkoppelt, und die Allianz bildete die alles entscheidende Verbindung
der USA mit Europa.

Ohne sich auf das Glatteis der Spekulation zu begeben, kann man behaupten, daß in der blitzartig im Sommer 1956 auftauchenden Gefahr, die Bundesrepublik könnte von der weltpolitischen und nuklearstrategischen Entwicklung
einfach überholt werden und im Zustand einer einflußlosen Macht unter der
mehr oder minder milden Oberherrschaft der westlichen Alliierten mit Streitkräften steckenbleiben, die eher Symbol einer brüchigen Souveränität als Ausdruck einer begrenzten Verteidigungsfähigkeit gewesen wären, der eigentliche
Grund lag, warum der Bundeskanzler 1957 so entschieden für die nukleare

---

20   Adenauer, Erinnerungen, 3, S. 212.
21   Adenauer, Erinnerungen, 3, S. 203.

Bewaffnung der Bundeswehr eingetreten ist. Er sah offenbar alles das wieder am Horizont heraufziehen, was er mit seiner bisher erfolgreichen Vermeidungsstrategie endgültig auf den Komposthaufen der Geschichte glaubte gekarrt zu haben. Konsequenterweise verknüpfte er denn auch die Frage der nuklearen Bewaffnung der Bundeswehr mit der Alternative einer „freiwilligen Unterwerfung des deutschen Volkes" und der „Preisgabe Europas". Man sollte diese dramatische Sicht der Dinge nicht überbewerten, aber die Sorge, die den Bundeskanzler damals bewegte, muß groß gewesen sein. Sie belegt außerdem, wie groß der Erkenntnisschock war, als die Bündnisstrategie und die Glaubwürdigkeit der amerikanischen Nuklearstrategie einmal einer gründlichen Analyse und Prüfung unterzogen wurden.

Mit dem Instrument Wiederbewaffnung hatte Adenauer die Souveränität erlangt und die Bundesrepublik an den Westen gebunden. In der Nuklearbewaffnung sah er das einzige und geeignete Mittel, die mühsam erlangte Gleichberechtigung zu sichern und den Fuß in der Tür der weiteren politischen und strategischen Entwicklung der Allianz zu halten. Folglich waren die Wiederbelebung der politischen Strukturen der NATO, der Erhalt der westlichen Einheit und ein Stopp der gefährlichen militärischen Erosionserscheinungen die vorrangigen Ziele Adenauers in der Zeit des Aufbaus deutscher Streitkräfte. Aber seine Stellung war nicht stark. Er mußte dem amerikanischen Präsidenten gegenüber eingestehen, „auf dem Gebiet der Aufrüstung versagt" zu haben[22] und die Planziele für den Aufbau nicht einhalten zu können. Im Grunde also liefen zu Beginn des Aufbaus der Bundeswehr alle Entwicklungen in die gleiche Richtung: weniger konventionelle Waffen und Streitkräfte — mehr und stärkere nukleare Bewaffnung.

So wie der Korea-Krieg Katalysator für den Zusammenschluß der westlichen Verteidigung und Beschleuniger für die deutsche Wiederbewaffnung gewesen war, so bildeten die Ereignisse in Ungarn im Oktober/November 1956 den Anstoß der europäischen Staaten für die Wiederbelebung ihrer militärischen Verteidigungsanstrengungen und die Rückbesinnung auf den politischen Willen zur Einheit. Die Niederschlagung des ungarischen Freiheitskampfes kam zur rechten Zeit, um die weiter bestehende Bedrohung des Westens und die nach wie vor bestehende Aggressivität der östlichen Vormacht zu dokumentieren.

Auf der Dezembertagung der NATO 1956 beschlossen die wichtigsten europäischen NATO-Staaten, die USA um Ausrüstung ihrer Streitkräfte mit taktischen Nuklearwaffen zu bitten, nicht zuletzt als Ausgleich für ihre konventionelle Schwäche. Wohlgemerkt die Europäer, zusammen mit der Bundesrepublik. Anfang November 1956 hatte die amerikanische Regierung offiziell angekündigt, sie werde keine weiteren Truppen aus Europa abziehen. Eisenhower hatte seine Wiederwahl gewonnen. Der Radford-Plan war vom Tisch.

_____
22 Adenauer, Erinnerungen, 3, S. 245.

Am 21. März 1957 trat an die Stelle der im Dezember 1954 beschlossenen „Strategie der massiven Vergeltung" (MC 14/1), die den sofortigen direkten Einsatz von Atomwaffen vorsah, das modifizierte militärstrategische Konzept der MC 14/2, mit dem eine gewissen Elastizität der Verteidigung mittels Ergänzung der nuklearstrategischen Waffen durch taktische Nuklearwaffen sichergestellt werden sollte. Die Tage einer Strategie, nach der jeder militärische Übergriff der Sowjetunion massiv nuklear vergolten werden sollte, waren dahin, die Entwicklung eingeleitet, die dann 1967 zur bis heute gültigen Strategie der Flexiblen Reaktion (MC 14/3) führte. Erst in dieser strategischen Konzeption konnte die Bundeswehr ihren logisch begründbaren Platz finden, erst diese Strategie konnte die Bundeswehr militärstrategisch legitimieren.

Die außen- und innenpolitischen Schwierigkeiten der Bundesrepublik infolge des „verspäteten Einschwenkens auf die strategischen Grundlinien des Westens"[23], die in die Aufbaujahre der Bundeswehr fielen, sind nur erklärbar aus Versäumnissen in der Planungsphase, vor allem der nahezu völlig ausgebliebenen gründlichen Strategiedebatte. Die Bundeswehr wurde auf einem überholten und kaum mehr tragfähigen strategischen Fundament aufgebaut. Um es überpointert zu sagen: Das Dilemma der Bundeswehr war, daß sie für die Strategie der Massiven Vergeltung zu stark geplant war, für die Strategie der Flexiblen Reaktion aber zu schwach aufgestellt wurde.

Zur zweiten These: Daß Defizite an militärischer Effizienz und die Paradoxien der Strategie, in die die Bundeswehr eingebunden wurde, hingenommen oder nicht reflektiert wurden, solange die politische, verfassungsrechtliche und soziale Kontrolle über die Streitkräfte gesichert war, zeigten einige Epitheta: „Armee für den Frieden", „Armee gegen den Krieg", „Armee ohne Phatos", „Notwendiges Übel", „Ohne Pauken und Trompeten".

Die innenpolitischen Widerstände gegen die Aufstellung von Streitkräften sind mit der Aufstellung der ersten Divisionen und Geschwader nicht erledigt gewesen. Sie wirkten langfristig fort, wurden aber kurzfristig durch die damals fast alle Beobachter überraschende Tatsache in den Hintergrund gedrängt, daß die mit 20 bis 30 % erwarteten Zahlen der Kriegsdienstverweigerer bei Bruchteilen eines Prozentes blieben und erst in die Höhe schnellten, als die Bundeswehr in ihre „Normaljahre" von 1965 bis 1968 eintrat.

Bei periodisch wiederkehrenden Gelegenheiten wurden die inneren Vorbehalte gegen Militär in Deutschland aktiviert. Sie potenzierten sich sogar, und an den Streitkräften wurde mit schöner Regelmäßigkeit das exekutiert, was mit dem unglücklichen, aber gängigen Begriff „Vergangenheitsbewältigung" belegt war. Denn die Kernfrage der damaligen Zeit lautete: Wie bekommen wir demokratisch zuverlässige Streitkräfte?

---

[23] Verteidigung im Bündnis, S. 25.

Man kann die Zeit der Planung und Aufstellung der Streitkräfte auch als Geschichte „antimilitärischer" Affekte schreiben. Daß die ersten deutschen Soldaten in Hamburg und anderen Orten verprügelt wurden, ist eine schändliche Episode geblieben, deutet aber auch darauf hin, in welche Bewußtseinsschichten die „antimilitärischen" Affekte vorgedrungen waren. Jede Regung eines vermeintlichen, manchmal auch tatsächlichen, Ungeistes aus der Vergangenheit wurde mit Argwohn und Häme in der Presse aufgegriffen und von Politikern wie von einflußreichen Meinungsführern mit hohem intellektuellen und moralischem Aufwand kommentiert. Die politische und militärische Selbstreinigung band mehr intellektuelle Kräfte als das Problem, welche zukünftige Rolle die Streitkräfte in der Bündnis- und Sicherheitspolitik spielen sollten. Manche alten Soldaten haben die Zeit der Aufstellung der Bundeswehr, als es darum ging, sie von Tradition und Vergangenheit abzuschneiden, so empfunden, als dienten sie in einer „Fremdenlegion im eigenen Lande". Es bildete sich eine spitzfindige Nomenklatur von merkwürdiger Realitätsferne heraus: „Wehrmotivation" und „Kampfmotivation", „Kriegverhinderungsfähigkeit und „Kriegführungsfähigkeit", „Bürger als Soldat" und „Soldat als Bürger", „Soldaten in der Demokratie" und „demokratische Soldaten", „Traditionalisten" und „Reformer" wurden als unversöhnliche Gegensatzpaare ausgegeben und bildeten ideologische Fahnen, hinter denen sich publizistische Kampfbataillone sammelten.

Damals hat es viel intellektuellen Pulverdampf auf Nebenkriegsschauplätzen gegeben, andererseits sind entscheidende „Frontverschiebungen" zuweilen übersehen worden. So ist die auf deutsches Drängen hin erfolgte Vorverlegung der Hauptkampflinie der NATO nach Osten, an die innerdeutsche Grenze, und damit die Konzeption einer grenznahen „Vorwärtsverteidigung" – nach heutiger Terminologie „Vorneverteidigung" – erst jetzt vollständig ins Bewußtsein gerückt.

Die Kriegführungsdimension, der mögliche kriegerische Einsatz von Streitkräften, der in der griffigen Formel „Kämpfen können, um nicht kämpfen zu müssen" zaghaft anklingt, die Tatsache also, daß Streitkräfte nicht nur Ausdruck politischer Ambitionen sind, sondern auch zur Abwehr einer direkten militärischen Bedrohung aufgestellt werden, wurde fast vollständig tabuisiert oder verdrängt. Das inquisitorische Klima der Aufbauzeit und damit verbunden eine selektive Wirklichkeitswahrnehmung, jedenfalls eine Verengung auf das Generalthema „Militär und Demokratie", sind in ihrer Folgelast ebenfalls erst heute sichtbar geworden. Das Besondere der deutschen Situation liegt in der gespaltenen Akzeptanz der Bundeswehr: Instrument der Friedenssicherung ja – Instrument möglicher Kriegführung nein! Im Herbst 1983 hat der Verteidigungsausschuß des Deutschen Bundestages ein öffentliches Hearing zur geltenden Strategie und zum „bunten Markt der Alternativen" abgehalten. Einer der Experten, die geladen waren, führte zur Lage der Bundesrepublik

Deutschland aus: „Ihre Gefährdung als hauptsächliches Kampfgebiet in einem
möglichen Kriegsfall und ihre hochgradige Anfälligkeit gegenüber Kriegseinwir-
kungen haben dazu geführt, daß ihre Sicherheitspolitik weitgehend die Tatsache verdrängt hat – es handelt sich hier um eine Verdrängung –, daß krieg-
verhindernde Abschreckung unter den Bedingungen des bestehenden Kräfteverhältnisses und auf Grund des sowjetischen strategischen Konzepts auch
eine hinreichende Kriegführungsfähigkeit voraussetzt. Dies ist ein Tabu geworden. Daß diese Kriegführungsfähigkeit in Form von Direktverteidigung und
vorbedachter Eskalation auch von der NATO-Strategie gefordert wird, wird
bei uns weitgehend nicht zur Kenntnis genommen. Statt dessen werden Krieg-
verhinderungsstrategie und Kriegführungsstrategie in einer politisch und militärisch unrealistischen, dogmatischen Form als Gegensätze ausgegeben. Dieser
Dogmatismus ist eigentlich nur uns zu eigen. Man findet ihn nirgendwo sonst.
Im strategischen Denken der Warschauer-Pakt-Staaten wie auch der wichtigsten
NATO-Verbündeten sind beide, nämlich Kriegführungsfähigkeit und Kriegver-
hinderungsabsicht, in einer Zweck-Mittel-Relation gesehen, während wir sie
als Widersprüche oder als Alternativen bewertet sehen wollen."

Und im Blick auf die deutschen Bestrebungen gegen Ende der 50er Jahre
und zu Anfang der 60er Jahre, eine direkte Form der nuklearen Mitwirkung
bei der Einsatzentscheidung zu erreichen, stellt er fest: „In den 60er Jahren
wurde diese Forderung vor allem aus der Angst heraus erhoben, die Amerikaner
könnten unter Umständen keine Kernwaffen einsetzen, sie seien möglicherweise dazu nicht bereit. Das war die deutsche Angst. Heute ist die deutsche
Angst, die Amerikaner könnten möglicherweise Kernwaffen einsetzen. Viele,
die sich heute an dieser Debatte beteiligen, haben davon offenbar überhaupt
keinen Eindruck mehr. Die Ironie liegt darin, daß man heute jene Aspekte der
Bündnisstrategie kritisiert, und zwar in einer sehr deutlichen Wendung gegen
die amerikanischer Politik, jene Aspekte, die gerade auf einen europäischen Einfluß zurückgehen, d.h. man greift heute an, was einmal als spezifisch deutsches
Interesse von deutscher Seite definiert und vertreten worden ist. Das gilt etwa
für die Frage der Behandlung von Nuklearwaffen, für die Kriterien der nuklearen Einsatzschwelle, für die Definition des Prinzipfs der Voreverteidigung und
anderes mehr. Aber hier besteht ein Erinnerungsverlust."[24]

Zur dritten These: Sie betrifft die planungstechnische Krise. Es genügt,
einige wenige Tatsachen und Wendemarken zu rekapitulieren, um die Krise
wenigstens anzuleuchten. Die wesentlichen Planziele – zwölf Heeresdivisionen,
eine taktische Luftwaffe und eine Küstenvorfeldmarine – waren bereits in der
Himmeroder Denkschrift festgelegt worden. Daran ist auch in der Planungsphase im wesentlichen festgehalten worden. Dabei darf nicht übersehen werden,

---

[24]   Deutscher Bundestag. Expertenanhörung zu alternativen Strategien, Oktober 1983
bis Januar 1984. Unveröffentlichtes maschinengeschriebenes Manuskript: Anhörung Karl-
Peter Stratmann (Stiftung Wissenschaft und Politik, Ebenhausen).

daß der deutsche Verteidigungsbeitrag ursprünglich nicht auf eine Bündnis-
armee im Rahmen der NATO, sondern auf eine multinationale, integrierte,
europäische Armee der EVG hin geplant wurde.

Noch am 21. September 1955 hatte Adenauer öffentlich bekanntgegeben,
bis zum 1. Januar 1959 würden diese zwölf Divisionen voll ausgerüstet und
ausgebildet. Für Luftwaffe und Marine war ein Aufstellungsjahr mehr veran-
schlagt worden. Damit hatte sich der Bundeskanzler auch gegenüber dem Bündnis ins Wort gesetzt. Dies war aber nach dem Urteil aller militärischer Fachleute
nur auf der Grundlage einer achtzehnmonatigen Wehrpflicht möglich. Außerdem war vor Beginn des „physical start" eine Vorlaufzeit von achtzehn Monaten gefordert und von Adenauer auch zugesagt worden.

Aus politischen Gründen, die in der ersten These gestreift wurden, beschleunigte Adenauer aber an der Jahreswende 1955/56 das Tempo und drückte
einen Start ohne Vorlaufphase durch. Der erste Start mißlang. Als sich am
27. September 1956 die Bundesregierung für eine zwölfmonatige Wehrpflicht
entschied, war bereits eine wesentliche militärische Forderung und Voraussetzung politischem Kalkül zum Opfer gefallen. Die deutsche Entscheidung
für die damals im Bündnis geringste Wehrpflichtdauer – 24 Monate waren
Durchschnitt – wurde bereits tags darauf im Ständigen Rat der NATO heftig
kritisiert. Am 17. Oktober 1956, am Tage nach der Ernennung von Franz
Josef Strauß zum neuen Verteidigungsminister, erklärte Adenauer, daß die
bisherigen Zusagen für den Aufbau der Streitkräfte nicht eingehalten werden
könnten. Die Ziele mußten wesentlich gestreckt werden. Da der Bundeskanzler
die Streitkräfte immer nur als politisches Instrument ansah und für die militär-
technische Seite der Aufstellung wenig Verständnis aufbrachte – es sei denn,
er enumerierte die ihm vorgetragenen Aufstellungsschwierigkeiten minutiös
in seinen Rechtfertigungsbriefen gegenüber den USA und der NATO –, sah
er auch keinen Grund, die Verantwortung für den unglücklichen Start bei sich
zu suchen. Er notierte in seinen Erinnerungen die bereits zitierte Passage mit
entwaffnender Allgemeinheit: „Wir Deutschen in der Bundesrepublik hatten
bisher auf dem Gebiet der Aufrüstung versagt."[25]

Gerd Schmückle schildert anschaulich, wie ihm in den Andernacher Tagen
der Kommandeur der ersten deutschen Truppe die Aufstellungsplanung erläuterte: „Tempo und Umfang der Wiederbewaffnung haben die Generale Heusinger und Speidel geplant. Sie verlangen ein militärisches Wunder. In drei
Monaten sollten wir aus Anfängern vollwertige Soldaten machen ... Im ersten
Jahr müssen 90 000 Mann, im zweiten 250 000 Mann, im dritten 500 000
Mann aufgestellt sein." „Selbst Hitler", so kommentiert Schmückle diese Pla-
nungsvorgabe, „hatte ein so wahnwitziges Tempo nicht gewagt, *obwohl* er
den Soldaten zum ‚Ersten Mann im Staate' befördert hatte, *obwohl* ihm

---

25 Adenauer, Erinnerungen, 3, S. 245.

ein Joseph Goebbels die Werbetrommel schlug, *obwohl* 200 000 ausgebildete Männer der Reichswehr und Landespolizei bereitstanden, *obwohl* eine geplante Wirtschaft liefern mußte, was Generale und Admirale verlangten."[26]

Die neue militärische Planung, 350 000 Mann in sechs Jahren anstatt 500 000 Mann in drei Jahren, stammte von General Heusinger, der die nun suspendierte Planung vier Jahre lang vertreten hatte. Der neue Minister machte sie sich zu eigen und trug sie Adenauer vor, der sich zunächst weigerte, sie zu akzeptieren, weil er mit Recht Einbußen an der Glaubwürdigkeit seiner Regierung und der Bundesrepublik Deutschland gegenüber den NATO-Partnern befürchtete. Er stimmte schließlich zu, weil alles andere unrealistisch war.

Seltene Einigkeit bestand unter den politischen und militärischen Beobachtern über die objektiven Gründe dieses Aufstellungsdebakels. Offen ist nur der Streit in der obersten militärischen Führung gewesen, ob das neue, verlangsamte Aufstellungskonzept militärisch und politisch sinnvoll gewesen sei. Botschafter Blankenhorn, Adenauers damaliger engster Berater, vertraute unter dem 5. Oktober 1956, unmittelbar vor dem Ministerwechsel im Verteidigungsministerium, seinen „Blättern eines politischen Tagebuches" an: „Eine andere Sorge ist der Aufbau der deutschen Verteidigungskräfte. Wir werden unsere Verpflichtung bis Ende dieses Jahres, sechsundneunzigtausend Mann unter Waffen zu haben, nicht einhalten. Auch im kommenden Jahr werden wir das Soll von zweihundertsiebzigtausend Mann nicht erreichen. In diesem Jahr werden es bestenfalls siebzigtausend, im kommenden etwas mehr als hundertdreißigtausend Mann sein, die wir einberufen können. Hauptgrund: Mangel an geeigneten Kasernen. Die vorhandenen sind noch mit Flüchtlingen belegt, neue sind zwar geplant, werden aber nicht rechtzeitig fertiggestellt werden können. Kasernen im alliierten Besitz werden freigegeben, reichen aber bei weitem nicht aus. Wir sind in der schwierigen Lage, daß wir Tausende, die sich in diesen Tagen als Freiwillige melden, nicht unterbringen können, daß wir sie auf das kommende Jahr vertrösten müssen, und daß wir sie so wahrscheinlich verlieren werden, denn wer von diesen Männern kann so lange warten, wenn es um Beruf, Verdienst und Unterhalt der Familie geht? Blank, der Verteidigungsminister, dessen ehrliches Wollen von niemandem bestritten wird, hat seine Kräfte überschätzt: bald Widerstände des Finanzministeriums, bald der föderative Aufbau der Bundesrepublik, bald der Mangel an gesetzlicher Handhabung zur Beschaffung der notwendigen Gelände, nicht zuletzt gewisse Hemmungen im Volk und in der öffentlichen Meinung, die infolge der Katastrophe von 1945, der ‚Umerziehung' durch die Alliierten und dem Bedürfnis nach Frieden und Ruhe nicht gewillt ist, den Weg der Aufrüstung schnell und wirksam zu gehen, all dies hat die Kräfte dieses vortrefflichen Mannes überfordert. Es war notwendig, ihn in seiner Aufgabe durch eine

---

26 Schmückle, S. 103 f.

andere Persönlichkeit zu ersetzen. An seine Stelle berief Adenauer den bisherigen Atomminister Franz Joseph Strauß in dieses wichtige Amt.

Es wird notwendig sein, unseren Alliierten in der NATO die psychologischen und materiellen Gründe für unsere Verzögerung des Aufbaus unserer Verteidigungskräfte in voller Aufrichtigkeit darzulegen. Nur so können wir unseren politischen Kredit im Bündnis erhalten. Ich hoffe, es gelingt in der bevorstehenden Annual Review, in welcher alle fünfzehn Partnerstaaten über den Stand ihrer Verteidigungsanstrengungen berichten, vor dem NATO-Rat unsere Schwierigkeiten rückhaltlos offenzulegen. Ich bin froh, daß dieser Standpunkt vom Kanzler, aber auch von Brentano, Schäffer, Schröder und Strauß in vollem Umfang geteilt wird."[27]

Ganz ähnlich sah der damalige Organisationschef des Heeres, General Bennecke, die Dinge. Er führte vier Gründe als retardierende Faktoren ins Feld: 1. zuviel Geld, das nicht ausgegeben werden konnte; 2. veraltetes Material; 3. fehlende Unterkünfte; 4. die föderative Struktur der Bundesrepublik, die der „enormen Aufgabe wie der schnellen Aufstellung des Heeres" nicht förderlich war[28].

Näher zu untersuchen wird noch die Frage sein, welche Auswirkungen der verspätete, dann beschleunigte, schließlich wieder verlangsamte und gestreckte Aufbau der Streitkräfte auf das personelle Gefüge gehabt hat. Es kann aber keinem Zweifel unterliegen, daß die Streitkräfte schon aus Altersgründen nicht die qualitativ hochstehende personelle Grundausstattung gewinnen konnten, die noch zwei, drei Jahre früher möglich gewesen wäre. Die Aufbauphase bis 1962 fiel ja in die Zeit der beginnenden Hochkonjunktur, und viele der qualifiziertesten und sozial mobilsten ehemaligen Soldaten aller Dienstgradgruppen wanderten in die finanziell attraktivere Wirtschaft ab. Das ständige Hin und Her zwischen Vertröstungen, Einstellungsstopps und Rühren der Werbetrommel muß auf die dienstbereiten ehemaligen Soldaten zermürbend gewirkt haben. Die Folge davon war, daß die Bundeswehr bis heute eine Bugwelle übersetzter Offiziersjahrgänge vor sich herschiebt, weil die ganz Jungen die Lücken der nicht mehr verfügbaren Zwischenjahrgänge von 1927 bis 1936 füllen mußten.

V. Schlußbemerkungen

Die Geschichte des Aufbaus der Bundeswehr muß noch geschrieben werden. Die mit großen Fragezeichen „eingeblockte" Aufstellungsphase von 1956 bis

---

27 Blankenhorn, S. 253 ff.

28 Ausführlich General a.D. Bennecke, Jürgen, in: Aspekte der deutschen Wiederbewaffnung bis 1955, hrsg. vom Militärgeschichtlichen Forschungsamt. Boppard 1975, S. 195 ff.

1962 ist noch kein abgeschlossenes historisches Kapitel. Zwar sind die damals politisch wie militärisch Verantwortlichen längst aus dem aktiven Dienst ausgeschieden. Ihre damals getroffenen, aber auch ausgebliebenen Entscheidungen verlieren aber ebenso wie die innenpolitischen Interessengegensätze und die außen- wie bündnispolitischen Konstellationen erst allmählich ihre bis in unsere Tage hineinreichenden Wirkkräfte. Die Archive werden noch auf Jahre verschlossen bleiben, und das historiographische Interesse an jenem Abschnitt der Geschichte der deutschen Streitkräfte ist noch nicht sehr ausgeprägt. Deshalb mußte vieles bruchstückhaft bleiben und in Thesen gepreßt werden. Angesichts einer sich neuerlich abzeichnenden rüstungstechnologischen und strategischen Revolution, deren Folgen für die Strategie der Allianz und die Sicherheit der verbündeten westlichen Nationen noch nicht absehbar sind, dürfte es nicht ohne Reiz sein, die Entscheidungslinien und Reaktionsmuster zur ersten nuklear-technologischen Revolution in der zweiten Hälfte der 50er Jahre, in die die Aufstellung der Bundeswehr fiel, verstehend und erklärend nachzuzeichnen.

DIE VERFASSER

Alexander Fischer, Dr. phil., Professor für Osteuropäische und Zeitgeschichte an der Johann Wolfgang Goethe-Universität Frankfurt a. M.

Wilhelm Meier-Dörnberg, Oberst i.G., Führungsakademie der Bundeswehr, Hamburg

Georg Meyer, Dr. phil., Wissenschaftlicher Oberrat, Militärgeschichtliches Forschungsamt, Freiburg i. Brsg.

Hans-Jürgen Rautenberg, Dr. phil., Oberstleutnant, Bundesministerium der Verteidigung, Bonn

Walter Rehm, Dipl.-Pol., Major i.G. a.D., Publizist, Bad Krozingen

Alexander Uschakow, Dr. jur., Akademischer Oberrat, Institut für Ostrecht der Universität zu Köln

Norbert Wiggershaus, Dr. phil., Oberst, Militärgeschichtliches Forschungsamt, Freiburg i. Brsg.

Siegfried Wolter, Dr. phil., Berlin

PERSONENREGISTER

MIX
Papier aus verantwortungsvollen Quellen
Paper from responsible sources
FSC® C105338

FSC
www.fsc.org

Printed by Libri Plureos GmbH
in Hamburg, Germany